SPAZIERGÄNGE UND WANDERUNGEN IN DEM REGIONALER NATURPARK LUBERON

**REGIONALER
NATURPARK LUBERON**
1, place Jean Jaurès. 84400 Apt

**ASSOCIATION DÉPARTEMENTALE
DES RELAIS ET ITINÉRAIRES C.I.M.E.S.
ALPES DE HAUTE-PROVENCE**
42, boulevard Victor Hugo. 04000 Digne-les Bains

**FÉDÉRATION FRANÇAISE
DE LA RANDONNÉE PÉDESTRE
(FFRP - CNSGR)**
8, avenue Marceau. 75008 Paris

Nach dem Gesetz vom 11. März 1957, Artikel 41, Absatz 2 und 3, ist das Kopieren von Texten ausschließlich zur privaten Verwendung durch den Kopierenden gestattet ebenso wie das Anführen oder kurze Zitieren von Textpassagen, die dem Beispiel oder der Illustrtion dienen sollen. Jegliche Abbildung, ob ganz oder teilweise, ohne Zustimmung des Verfassers, seiner Rechtsinhaber oder -nachfolger ist nicht statthaft (Artikel 40, Absatz 1).

Eine solche Wiedergabe oder Reproduktion stellt, unabhängig von der Art ihrer Herstellung, eine Fälschung im Sinne der Artikel 425 ff. des Strafgesetzbuches dar und steht unte Strafe.

Der Abdruck der Karten in diesem Werk erfolgt mit Genehmigung des Institut Géographique National.

Der auf den Karten verzeichnete Streckenverlauf ist Eigentum des Autors.

Wer ohne Genehmigung eingetragene Warenzeichen oder Logos verwendet, wird vom PNRL, der FFRP-CNSGR und der Adri 04 wegen Nachahmung von Warenzeichen strafrechtlich belangt.

Ko-Autoren : PNRL, ADRI 04 et FFRP-CNSGR.

Koordination : Michel Sommier.

Redaktion : Christine Balme, Serge Bec, Max Gallardo, Georges Guende, Jean-Pierre Peyron, Michel Sommier.

Herstellung : Serge Bec, Dominique Gengembre, Michel Sommier.

Deutsche textfassung : Klaus Töt-Rübel

Illustrationen :
Christine Balme (S. 13, 16, 32, 48, 80) ;
dessin de Champin, (cliché de la Bibliothèque Municipale d'Avignon, (S. 30)) ;
Erik Fannière (S. 83) ;
Georges Guende (S. 17).

Photonachweis :
- Titelblatt :
    1) Honigduftender Rutenstrauch (Jean Chaleteix)
    2) Borie (Rémi Michel)
    3) Melonenernte (Jean Chaleteix)
- Innentitel :
    Grand Couturas (photothèque PNRL)
- Rückseite :
    Im Ocker (photothèque PNRL)
- Photos im Text :
    Serge Bec (S. 32, 35, 52, 63, 67, 86, 89, 93, 95) ;
    Christine Bouysset (S. 75) ;
    Max Gallardo (S. 70) ;
    Georges Guende (S. 40) ;
    Office National de la Chasse (S. 38) ;
    Jean-Pierre Peyron (S. 45) ;
    Michel Sommier (S. 39, 56, 59, 78, 96) ;
    Hervé Vincent (S. 49).

1ere édition : AVRIL 1993
© FFRP-CNSGR 1993 - ISBN 2-85-699-542-X © IGN 1989
Conception, Réalisation, Impression : ODIM, 04130 Volx - Tél. 92 78 55 49
Dépôt légal : 92827 avril 1993
Maquette couverture : M. Rossignon et ODIM
Réalisation de la carte du Luberon : ODIM
Réf. catalogue FFRP-CNSGR : 629

DER INHALT AUF EINEN BLICK

Seite 4 : **Zur Konzeption des Wanderführers**

Seite 6 : **Vorbereitung der Wanderungen:**
- Zum Gebrauch des Führers; nützliche Hinweise.
- Allgemeine Hinweise.
- Adressen.
- Unterkunft und Verpflegung.
- Literaturhinweise.

Seite 12 : **Einführung in die natürlichen Gegebenheiten:**
- Geologie
- Botanik
- Fauna

Seite 26 : **Verzeichnis der Wanderungen**

Seite 27 ff. : **Beschreibung der 20 Wanderungen**

DIE NATUR ENTDECKEN UND GENIEβEN

Sich in der freien Natur aufzuhalten und daraus Freude zu schöpfen, wird mehr und mehr zum festen Bestandteil unserer Freizeit, unserer Kultur.

Dennoch — auf's Geratewohl loszuziehen ist gewiß nicht die klügste Art, all den Geheimnissen und Schätzen auf die Spur zu kommen, die die Natur für uns bereithält.

Daher lädt Sie dieser Führer nicht einfach zu bloßen Wanderungen ein. Er gibt Ihnen gleichzeitig Informationen und Hinweise an die Hand, die es Ihnen gestatten, Ihre Eindrücke zu vertiefen, Natur und kulturelles Erbe der Landschaft, die Sie durchstreifen, besser kennenzulernen.

Das Bedürfnis der Menschen, sich eine Landschaft in ihrer Gesamtheit zu erschließen, also Natur ebenso wie Kultur, wird immer offenkundiger. Natürlich will man im Urlaub wie eh und je Sehenswürdigkeiten besichtigen, den Stein der Bauwerke betasten, Auge und Objektiv auf die Schönheiten der Landschaft richten, an den örtlichen Festlichkeiten teilnehmen. Aber gleichzeitig möchte man begreifen, in welchem Verhältnis diese Dinge zueinander stehen : Wie schützt und bewahrt man Fauna und Flora dort, wo sich die Natur noch ungestört entwickeln kann, während man zugleich die Lebensqualität der Menschen steigert? Wie können Handwerk und Landwirtschaft gedeihen, indem gleichzeitig das Erbe der Region, sowohl im Reich der Natur als auch in der Architektur, erhalten wird ? Wie läßt sich über ein oberflächliches Betrachten hinaus eine Landschaft "aufschlüsseln", ihre Besonderheit aus ihrer Erscheinung ablesen ? Wie erschließt man sich die Lebensbedingungen der Menschen ?

Der Luberon bietet eine Vielzahl von Möglichkeiten, diese Art des Wanderns zu praktizieren, die sich einer steigenden Zahl von Anhängern erfreut. Der "Parc Naturel Régional du Luberon" — in der Folge stets kurz "Parc" genannt — würde seinem Anspruch nicht gerecht, wenn er dem Bedürfnis dieser Menschen nicht nachkäme.

Umso mehr, als der "Parc" sich im Laufe der Jahre allmählich zu einer Institution entwickelt hat. Das Bild, das sich die große Mehrheit der Bewohner dieses Landes sowie Urlauber und Touristen vom Luberon machen, deckt sich zusehends mit der Einrichtung "Parc": Luberon und "Parc" werden zusehens als Einheit begriffen.

Dieser Wanderführer stellt Ihnen daher zwanzig der schönsten Wanderungen vor, die es auf dem Gebiet des "Parc" zu erkunden gibt. Zwanzig Wanderungen für jeden Geschmack, die mit viel Spaß und Genuß den Luberon erschließen. Sie dauern zwischen zwei Stunden und drei Tage, ganz wie man will, und bringen dem Wanderfreund den Luberon und seine Dörfer nahe, ohne dabei Anspruch auf Vollständigkeit zu erheben. Die meisten Wanderungen beginnen nämlich in einem Dorf. Den Verfassern war es wichtig, auch die Menschen zu zeigen, die in den Dörfern leben. Und so enthält dieser Wanderführer nicht ausschließlich technische Hinweise. Er versucht gleichzeitig, zu den Menschen und ihrer Kultur, auf die man während dieser Wanderungen trifft, einen Bezug herzustellen.

Dieser Führer konnte nur realisiert werden mit der freundlichen Unterstützung durch die "Association Départementale des Relais et Itinéraires, Centre d'Information et Montagnes et Sentiers des Alpes de Haute-Provence" und der "Fédération Française de la Randonnée Pédestre".

Schließlich wäre uns unwohl dabei, nicht auch jenen Wanderern der ersten Stunde, gewissermaßen den "Entdeckern" der zahllosen Wanderwege in dieser Gegend, den ihnen gebührenden Dank zu erweisen: François Morenas von Regain und Pierre Martel von "Alpes de Lumière".

VORBEREITUNG DER WANDERUNGEN

ZUM GEBRAUCH DES FÜHRERS. EINIGE PRAKTISCHE HINWEISE.

Tourenauswahl

Was planen Sie? Einen gemütlichen Spaziergang von zwei Stunden mit kleinen Kindern oder eine Wanderung sportlichen Zuschnitts? Einen Rundwanderweg oder die überquerung eines Höhenzuges? Einen Spaziergang im Wald oder die Erkundung der Kammlagen und Felsformationen? Am Süd- oder am Nordhang? Von Volx aus oder von Les Taillades? Das Angebot ist so breit gefächert, daß Sie nur auszuwählen brauchen.

Es ist allerdings ratsam, sich ein wenig nach der Jahreszeit zu richten. Im Sommer sind die südlichen Hanglagen sehr heiß; tagsüber kommt man fast um vor Hitze. Man erkunde sie daher besser im Frühling oder Herbst. Auch milde Wintertage bieten sich dazu an. Im Sommer fühlt man sich in der relativen Kühle der Nordhänge wohler. Auf alle Fälle sollten Sie sich niemals ohne ausreichende Wasservorräte auf den Weg machen.

Benutzung des Führers

Zu Beginn einer jeden Tourenbeschreibungen finden Sie einen Absatz mit dem Thema der Wanderung sowie einige technische Daten:

Dauer: Bezogen auf den durchschnittlichen Wanderer; die reine Marschzeit. Pausen und Zeit, um die Schönheit der Landschaft zu genießen, müssen dazugerechnet werden.

Höhenmeter: Diese Zahl zeigt die Summe der angestiegenen Meter an.

Schwierigkeitsgrad: Er wird durch eine Anzahl von Sternen (1-5) symbolisiert. Die folgende Tabelle erläutert die Grundsätze der Klassifizierung:

		reine Marschzeit	Höhenmeter
Gemütliche Wanderung	*	unter 2 Std.	unter 900 m
	**	2 — 4 Std.	unter 900 m
	***	2 — 5 Std.	unter 900 m
Sportliche Wanderung	****	über 5 Std.	unter 900 m
	*****	über 5 Std.	über 900 m

Alle Wanderungen verlaufen auf Wegen und Pfaden. Schwierigere Passagen während einer ansonsten "leichten" Streckenführung bewirken, daß die Wanderung einer anspruchsvolleren Kategorie zugeordnet wird.

Wegmarkierungen

Auf den beschriebenen Wegen gibt es streckenweise bereits einige Markierungen, die sich zum Teil überschneiden. So die rot-weißen Streifen der "Grande Randonnée", jener nationalen Wanderwege, die ganz Frankreich durchziehen. Außerdem die Farben, die F. Morenas und Regain sowie "Alpes de Lumière" zur Kennzeichnung ihrer Wege verwendeten, und schließlich noch die orange-farbenen Reitwegemarkierungen.

Um das Ganze nicht unübersichtlich zu gestalten, den Wanderern aber dennoch die Orientierung zu gestatten, gehorcht der Führer dem folgenden Prinzip: Die Wege sind mit hellblauen, vier mal zehn Zentimeter langen Streifen markiert (Ausnahmen im Text erwähnt). Auf den Abschnitten, wo bisher keine Markierungen existierten, findet sich die hellblaue Kennzeichnung in ausreichendem Maße. Sind bereits andere Markierungen vorhanden, taucht das Hellblau nur sporadisch auf — sozusagen als Bestätigung, daß man sich noch auf dem richtigen Weg befindet. Ändert sich die Richtung der Streckenführung, wird die Markierung wieder häufiger.

Einige Fachausdrücke Wir haben versucht, die Zahl der Bezeichnungen im Rahmen der Wegbeschreibungen so gering wie möglich zu halten. Man geht auf einem Pfad, einem Weg, einer Piste oder einer Straße. Ein Weg ist breiter als ein Pfad; er kann von einem Fahrzeug oder von landwirtschaftlichem Gerät benutzt werden. Straße bedeutet hier immer Asphaltstraße, egal wie breit. Eine Piste zur Brandbekämpfung (Abkürzung: DFCI) oder für die Forstarbeiten besteht in der Regel aus einem breiten, manchmal steinigen Fahrweg.

Wettervorhersage und Notruf Telephonauskunft des Nationalen Wetterdienstes:
- Carpentras (Vaucluse): 90 60 31 11
- Saint-Auban (Alpes de Haute-Provence): 92 64 90 50
- Minitel 36 15 METEO

Polizei (Gendarmerie) und Feuerwehr (Sapeurs-Pompiers): 17 und 18

Karten 1 : 100 000 - Touristenkarte des Departement Vaucluse, herausgegeben vom Conseil Général (IGN).

1 : 50 000 - Im Verlag Didier & Richard erschienene Karten "Du Mont Ventoux à la Montagne de Lure" (Nr. 13) und "Du Luberon à la Sainte Victoire" (Nr. 14).

1 : 25 000 - Die Karten des Institut Géographique National (IGN) aus der blauen Reihe mit den folgenden Nummern:

Carpentras	3141 ouest	St Saturnin d'Apt	3141 est
Sault	3241 ouest	Banon	3241 est
Cavaillon	3142 ouest	Apt ouest/Bonnieux	3142 est
Apt est	3242 ouest	Pierrevert	3242 est
Manosque	3342 ouest	Peyrolles	3243 est

ALLGEMEINE INFORMATIONSMÖGLICHKEITEN FÜR DEN TOURISTEN

Nützliche Informationen und Hinweise erhält man beim Parc Naturel Régional du Luberon (1, place Jean Jaurès, 84400 Apt; Tel. 90 74 08 55) sowie bei den Fremdenverkehrsbüros (Syndicats d'Initiative bzw. Office du Tourisme) der jeweiligen Gemeinden (Apt,

Bonnieux, Cavaillon, Céreste, Gordes, La Tour d'Aigues, Lauris, Lourmarin, Manosque, Pertuis, Roussillon, Cucuron, Mérindol, Dauphin).

An die Fremdenverkehrszentrale des Departement Vaucluse wende man sich unter der folgenden Adresse: Chambre Départementale de Tourisme du Vaucluse, La Balance, B.P. 147. 84004 Avignon Cédex Tel. 90 86 43 42.

Den französischen Wanderbund (FFRP) kontaktiert man unter: Comité Départemental FFRP-CNSGR (Verantw. M. Daniel Locci), 63, rue César Franck, 84000 Avignon.

Die Fremdenverkehrszentrale des Departements Alpes de Haute-Provence hat ihren Sitz in: Comité Départemental du Tourisme et des Loisirs. 42, boulevard Victor Hugo. 04000 Digne-les-Bains. Tel. 92 31 57 29

Kontaktadresse für Wanderer: Association Départementale des Relais et Itinéraires-Comité Départemental de la Randonnée. (CIMES-ADRI) 42, boulevard Victor Hugo. 04000 Digne-les-Bains. Tel. 92 31 07 01.)

UNTERKUNFTS- UND VERPFLEGUNGSMÖGLICHKEITEN

Informationen bezüglich der Hotels, Restaurants und Campingplätze erhält man bei den örtlichen Fremdenverkehrsbüros.

Wünscht man Auskünfte über Ferienhäuser (gîtes ruraux), Gästezimmer (chambre d'hôte) oder Bewirtungsmöglichkeiten (table d'hôte), Camping auf dem Bauernhof oder Campingplätze, so wende man sich an das "Relais Départemental des Gîtes de France":

Vaucluse: Relais des Gîtes de France, place Campana, 84008 Avignon, Tél. 90 85 45 00

Alpes de Haute-Provence: Relais des Gîtes de France, Le Rond-Point, 04000 Digne-les-Bains, Tel. 92 31 52 39

Verzeichnis der Unterkunftsmöglichkeiten für Wanderer (gîtes d'étape)

Nördlicher Luberon:

- Apt 84400: Relais de Roquefure. Mme Rousset.
  90 04 88 88
- Buoux 84480: La Sparagoule. Mme Gallardo.
  90 74 47 82
- Céreste 04280: Gîte communal. Mme Coulombeau.
  92 79 00 61
- Maubec 84660: Gîte communal. Mme Viens.
  90 76 91 61
- Rustrel 84400: Gîte communal. M. Scaramuccia.
  90 04 93 99
- Saignon 84400: Regain. M. Morenas.
  90 74 39 34
- Simiane-la-Rotonde 04150: Chaloux. M. Rider.
  92 75 99 13
- Sivergues 84480: Le Castellas. M. Ladu.
  90 74 60 89
- Sivergues 84480: Le Village. Mme Martin.
  90 74 49 23
- Viens 84750: Cournille. M. Bourgeois.
  90 75 22 80

Südlicher Luberon:

- La Bastide des Jourdans 84240: La Clairière. M. Ollivier. 90 77 83 21 (Voranmeldung)
- Cucuron 84160: La Rasparine. M. Brémond.
  90 77 21 46
- Lauris 84360: Recaute. M. Simonot.
  90 08 29 58
- Lourmarin 84160: Le Four à Chaux. M. Breyne.
  90 68 11 10 oder 90 68 24 28
- Manosque 04100: Jugendherberge La Rochette. M. Ney. 92 87 57 44
- Manosque 04100: Gîte des Naisses. Mme Spilmann.
  92 72 06 29
- Mérindol 84360: Les Brullières. M. Platel.
  90 72 85 54
- Mirabeau 84120: Gîte communal. M. Vieux.
  90 77 02 05
- Vitrolles 84240: Gîte communal. M. Lebivic.
  90 77 85 23

BUCHEMPFEHLUNGEN

Allgemeines:
- Der Luberon mit dem Wagen, PNRL 1992
- Luberon, S. Bec und R. Bruni, Edisud
- Bibliographie des Pays du Luberon, R. Bruni und C. Thomas, PNRL
- Le Luberon, Tonkassette mit Belgleitbuch, J.P. Clébert, Pierre Bonte, Audio-Com-Le Pélican

Heimatgeschichte:
- Provence Romane, G. Barruol, Zodiaque (2 Bde.)
- Veröffentlichungen des Vereins "Alpes de Lumière"
- Veröffentlichungen des Vereins "Luberon Nature"

Öffentliches Leben:
- Le Pays d'Apt, Zeitschrift, erscheint zweimonatlich
- Mitteilungen des Parc Naturel Régional du Luberon, erscheinen vierteljährlich

Geologie:
- Ocres, Parc Régional du Luberon, Edisud
- Livret du Musée de Paléontologie, (Begleitheft für das paläontologische Museum im Haus des Parc), PNRL
- Guides géologiques régionaux, Masson

Fauna und Flora:
- Livret du sentier botanique de la forêt des cèdres, (Begleitheft für den Naturlehrpfad im Zedernwald auf dem Kleinen Luberon), PNRL
- Végétation des murs et des rochers (Vegetation in Mauern und Felsen), Diapositive mit Kommentarheft, PNRL/CRDP
- Grands rapaces des garrigues et rochers de Provence (Große Greifvögel in der Garrigue und den Felsen der Provence), Diapositive mit Kommentarheft, PNRL CRDP
- Oiseaux de Provence (Vögel der Provence) - Gesang der Vögel, auf Kassette oder Schallplatte, PNRL/Sittelle.

Anmerkungen zur Geologie

Eine Landschaft kann demjenigen, der sich die Mühe macht, sie etwas genauer zu betrachten, eine Menge erzählen. Meist genügen einige Grundkenntnisse, um ihre Geschichte besser zu verstehen. Den vielleicht wichtigsten Schlüssel zum Verständnis des Erscheinungsbildes einer Landschaft liefert die Geologie.

Warum hier ein Berg, dort unten ein Tal? Warum hier ein Kastanienbaum und Heidekraut, warum woanders Eichenwald, Thymian und Lavendel? Warum errichtete man hier ein Dorf, erstreckt sich dort ein karges, trockenes Plateau? Alles, was sich unseren Blicken darbietet, ist aufs Engste mit der Beschaffenheit des Bodens, der Geomorphologie, verknüpft, und die Kenntnis einiger geologischer Grundbegriffe gestattet es dem Betrachter häufig, diese Zusammenhänge zu erkennen.

Das Gebiet um den Luberon gliedert sich nicht zufällig in größere geographische Einheiten, denen geologische Einheiten entsprechen. Da ist zunächst das Luberon-Massiv, das sich über 60 km zwischen Cavaillon und Manosque erstreckt. Im Norden fällt es zum Tal des Calavon hin ab, welches wiederum gen Norden von einer Hügelkette begrenzt wird, die den südlichen Ausläufer der Massive des Mont Ventoux und der Montagne de Lure darstellt: das Vaucluse-Bergland. Nach Süden hin erhebt sich der Luberon über das Durance-Tal und das "Pays d'Aigues", das Land des Wassers.

Geologisch gesehen handelt sich bei dieser Oberflächenausprägung um ein konformes Landschaftsgebilde: die Höhenzüge sind die Faltensattel (Antiklinen), die Täler die Faltenmulden (Synklinen).

DAS LUBERON-MASSIV

Der Luberon verläuft, wie alle anderen bedeutenden Höhenzüge in der Provence, in ost-westliche Richtung: So z.B. auch die "Montagne de Ste. Victoire" oder der Bergstock der "Sainte-Baume". Seit einigen Jahrzehnten weiß man, daß tektonische Oberflächenverschiebungen, die Verschiebungen der Schollen, dafür verantwortlich sind.

Etwas vereinfacht heißt dies, daß vor etwa 40 Mio. Jahren der afrikanische und der europäische Kontinent aneinanderstießen. Der dabei auftretende Druck war so mächtig, daß die Erdkruste gewissermaßen zerknitterte und sich an manchen Stellen wie ein Akkordeon auffaltete.

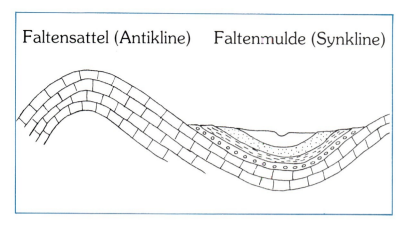

Faltensattel (Antikline)   Faltenmulde (Synkline)

Auf diese Weise entstanden die Pyrenäen und die Gebirge der Provence, wobei der Druck in Nord-Süd-Richtung verlief. Etwas später, vor ungefähr 8 Mio. Jahren, stießen die Schollen erneut aneinander. Dabei entstanden die Alpen. Der Luberon, der ja bereits existierte, wurde im Zuge dieser Faltung erneut angehoben.

Der Unterlauf des Aiguebrun, des bedeutendsten Wasserlaufs im Luberon, hat sich tief in den Höhenzug eingeschnitten und ihn in zwei Teile geteilt. Diese Schlucht, die "Combe de Lourmarin", durchschneidet die Gesteinsschichten des Faltensattels im rechten Winkel.

Der Verlauf des Aiguebrun ist bemerkenswert. Er entspringt in der Nähe von Auribeau auf der Hochebene der Claparèdes (prov. clapas - Steine), in die er sich tief eingefressen hat, wobei er imposante Felsformationen, z.B. bei Les Seguins in Buoux, schuf. Anstatt jedoch, was naheliegend gewesen wäre, seinen Weg in das Calavon-Tal hinab fortzusetzen, knickt er im rechten Winkel nach Süden ab und durchschneidet das Massiv, um schließlich in die Durance zu münden. Dabei wurde sein Verlauf durch die Brüche begünstigt, denen der mittlere Bereich des Luberon ausgesetzt war, ganz besonders durch die Absenkung des Beckens von "La Roche d'Espeil".

Die "Combe de Lourmarin" trennt den Kleinen Luberon im Westen vom Großen Luberon im Osten. Beide Höhenzüge unterscheiden sich deutlich voneinander, von ferne wie auch aus der Nähe.

Der Große Luberon besteht aus einer Folge sanft gerundeter Kuppen und erreicht die Höhe von 1124 m. Er besteht aus einer etwa 600 m mächtigen Schicht von Mergel bzw. Kalkmergel, die etwa 130 Mio. Jahre alt ist. Es handelt sich um ein ziemlich weiches Gestein, was dem Höhenzug sein hügeliges Aussehen verleiht.

Der Kleine Luberon besteht aus zwei Plateaus, die ineinander greifen. An ihren Rändern treten helle Felsformationen zutage, die schroff abfallen. Diese Schichten aus

13

reinstem, härtestem Kalkgestein, dem Urgon (benannt nach dem Ort Orgon jenseits der Durance), sind etwa 300 m mächtig und lagerten sich vor etwa 120 Mio. Jahren auf dem Boden eines flachen, warmen Meeres ab, in dem es eine Unmenge von Riffen gab.

DAS LAND UM APT: DER CALAVON - COULON

Das Becken, in dem Apt liegt, ist eine Faltenmulde, in der sich eine Fülle von Sedimentgesteinen aus dem Mesozoikum (Erdmittelalter) und dem Teritär überlagern. Es weist eine vergleichsweise einfache Struktur auf: Die einzelnen Landschaften sind deutlich voneinander abgegrenzt und sehr unterschiedlich.

Einige dieser Bereiche verdienen besondere Erwähnung.

Da sind zunächst einmal die grauen, zerfurchten Tonhügel bei Gordes, Villars, St. Saturnin, Rustrel usw., in denen es unzählige pyritisierte Ammoniten gibt. Diese Tonschichten tragen in der geologischen Formationstabelle den Namen Apts, denn hier wurden sie erstmalig im Jahre 1840 beschrieben.

Daneben die berühmten farbenprächtigen Ockerbrüche. Sie zeugen vom tropischen Klima, das in diesen Breiten vor etwa 100 Mio. Jahren herrschte. Sie stellen gewissermaβen Inseln aus Sand dar, die sich mit ihrer für sie typischen Vegetation deutlich von der vom Kalkgestein geprägten Umgebung unterscheiden: Es gedeihen dort Pflanzen, die kalkhaltige Böden meiden. Wir haben diese Farbenpracht aber nicht ausschlieβlich der Natur zu verdanken. Der Ocker wurde Generationen hindurch von den Arbeitern im Tagebau gewonnen. Die Erzeugung des Ockerpigment war lange Zeit hindurch ein bedeutender Industriezweig in der Gegend um Apt.

Erwähnenswert sind auch die hellen Kalksteinformationen, die wie aufeinandergeschichtete Platten um Apt, Murs, Céreste oder Caseneuve herum zu finden sind. Sie sind etwa 35 Mio. Jahre alt und bergen reiche Fossilagerstätten von erstaunlicher Vielfalt in sich. Man fand dort versteinerte Blätter, Insekten, Fische, Frösche usw. Es ist allerdings sinnlos, danach zu suchen: Die Fundstätten sind klassifiziert und geschützt, die Fossiliensuche ist verboten.

Bleibt noch das Molassegestein, das die Gegend um Apt besonders prägt. Der Ursprung dieses Namens liegt entweder im lateinischen Wort für Mühlstein - "mola" - oder in dem lat. Wörtchen "mollis" - weich. Es handelt sich um einen sehr hellen, relativ weichen Kalksandstein, der sich leicht bearbeiten läßt und seit Jahrhunderten als Werkstoff im Bau Verwendung findet. Im Luberon gab es zeitweise bis zu vierzig Steinbrüche, in denen dieser Stein abgebaut wurde: Oppède, Lacoste, Bonnieux, La Roche d'Espeil, ...

Dies Gestein ist häufig von einer Fülle von Fossilien durchsetzt: Austern, Kammuscheln und Belemniten aus der Zeit vor etwa 25 Mio. Jahren, als die Provence vom Meer bedeckt war. Die trockenen, kargen Molasse-Plateaus fallen sofort ins Auge. Sie ruhen gewissermaßen auf den älteren Gesteinsschichten: Die Claparèdes nördlich des Großen Luberon, die Ebene der Courennes bei St. Martin oder das Plateau von Gordes...

Oft befindet sich ein Dorf am Rande jener Hochebenen. Lacoste, Bonnieux, Saignon oder Viens liegen so exponiert, daß sie die Täler beherrschen. Aus den Molasseschichten sprudeln an manchen Stellen Quellen, einst eine der wichtigsten Voraussetzung für die Menschen, sich dort niederlassen zu können.

DAS VAUCLUSE-BERGLAND

Es besteht aus einer gewaltigen Platte aus Kalkgestein, die mehrere hundert Meter mächtig ist. Sie ist von einem Gewirr von Rissen, Spalten und Verwerfungen durchzogen, da sich einzelne Bereiche gegeneinander verschoben haben. In tiefer gelegenen Senken haben sich, abgeschirmt von Erosionsvorgängen, fruchtbare Mergelböden erhalten können. Ganz im Gegensatz zum kargen Hochland, das von einer Vegetation aus Eichen und Gestrüpp bedeckt ist und wo in manchen Bereichen der bloße Fels zutage tritt.

Ein Karstgebiet mit unzähligen Spalten und Höhlen, in denen das Wasser versickert, welches in unterirdischen Flußläufen zur "Fontaine de Vaucluse" strömt, um dort jene berühmte Quelle zu speisen.

DAS TAL AM UNTERLAUF DER DURANCE UND DAS "PAYS D'AIGUES"

Der Unterlauf der Durance wird vom Faltensattel des Luberon bestimmt. Der Fluß verläuft zunächst südwärts, bevor er bei Mirabeau nach Westen abknickt und südlich am Luberon entlangfließt. Er ist von ineinandergreifenden Uferterrassen gesäumt, die aus den verschiedenen Eiszeiten des Quartärs stammen.

Im großen und ganzen handelt sich bei diesem Tal um eine Faltenmulde, die fast vollständig mit Sedimentgestein aus dem Tertiär und dem Quartär bedeckt ist: Kalkgestein, Molasse, Kies, Sandstein... Zwischen dem Südhang des Luberon und dem Flußlauf liegen jedoch eine Reihe weiterer Sättel und Mulden, sodaß das Land von vielen kleineren Hügeln durchsetzt ist (Débouliére südlich von Vaugines, die Hügel bei Beaumont, Pertuis oder Mirabeau...).

Geologische Karte des Luberon (vereinfacht)

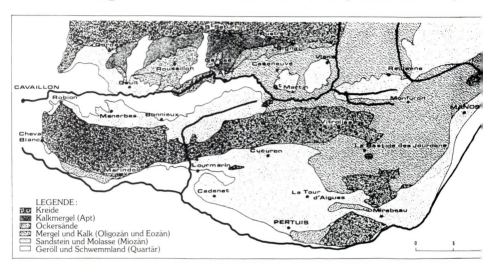

LEGENDE:
- Kreide
- Kalkmergel (Apt)
- Ockersände
- Mergel und Kalk (Oligozän und Eozän)
- Sandstein und Molasse (Miozän)
- Geröll und Schwemmland (Quartär)

DAS GEOLOGISCHE SCHUTZGEBIET LUBERON UND DAS MUSEUM FUR PALAEONTOLOGIE

Die Schichten des Kalkgesteins im Luberon sind bekannt für die Qualität und die Vielfalt der darin eingeschlossenen Fossilien. Ihr Ruf in Sammlerkreisen und vor allem ihre Begehrtheit bei Händlern haben in der Vergangenheit zu regelrechten Plünderungen mancher Lagerstätten geführt.

Zum Schutze aller paläontologisch bedeutsamen Fund- und Lagerstätten wurde die "Réserve Naturelle Géologique du Luberon" ins Leben gerufen. Sie umfaßt 28 Stätten in 20 Gemeinden der Departements Vaucluse und Alpes de Haute-Provence. Jegliches Suchen und Mitnehmen von Fossilien ist dort strengstens untersagt. Der "Parc" betreut und verwaltet diese Gebiete.

Wer an Geologie und Paläontologie interessiert ist, kann das Museum in den Kellergewölben des "Maison du Parc" in Apt besuchen. Dort sind Fossilien aus dieser Gegend, Nachbildungen primitiver Tiere sowie Modelle ausgestellt. Es ist von Montag bis Samstag geöffnet.

Die Pflanzenwelt des Luberon

Die Vegetation des Luberon ist von besonderem Interesse. Die Zusammensetzung des Pflanzenbestandes und seine Verteilung sind je nach Lage sehr unterschiedlich. Diese Vielfalt ist nicht dem Zufall zu verdanken, sondern das Ergebnis einer Vielzahl von Faktoren wie Bodenbeschaffenheit, Wasserhaushalt und klimatische Bedingungen (Lage zur Sonne und Höhenlage). Sie sind gewissermaßen die Ordnungsfaktoren, denen die Vegetationsanordnung gehorcht.

Der gegenwärtige Zustand des Luberon ist aber auch Ergebnis geschichtlicher Prozesse. Der Mensch hat durch sein Eingreifen maßgeblich zur Veränderung des natürlichen Milieus beigetragen.

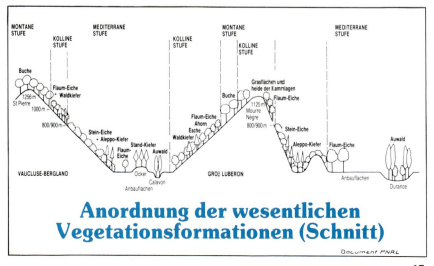

Anordnung der wesentlichen Vegetationsformationen (Schnitt)

Früher wurden die natürlichen Ressourcen des Luberon im wesentlichen forstwirtschaftlich (Holz, Holzkohle, Rinde für die Färbereien, Kleinholz für die Bäckereien), landwirtschaftlich (Nutzung des Unterholzes, z.b. des Buchsbaums als Gründünger) und weidewirtschaftlich (Gräser und Kräuter boten Weidegründe fürs Vieh) genutzt.

Ein aufmerksamer Wanderer kann im Luberon den klassischen Vegetationsaufbau in einem für die mittlere Provence typischen Höhenzug beobachten. Es lassen sich deutlich vier große Vegetationsstufen feststellen. Sie beherbergen jeweils eine spezifische Pflanzenwelt, die für eine jede charakteristisch ist.

MEDITERRANE STUFE

Sie ist die komplexeste und umfaßt drei Unterstufen:

Der Steineichenwald

Die Südhänge sind größtenteils von Steineichenwäldern bedeckt, die sich bis in Höhenlagen von 800 - 900 m erstrecken. Sie sind mit ihrem immergrünen Laub die typische Vegetationsform des Mittelmeerraums. Die Steineiche - Blattoberfläche glänzend, Unterseite flaumig - ist der alles beherrschende Baum in den Wäldern der warmen, trockenen Südhänge.

Die Aleppo-Kiefer ist kälteempfindlicher. Man findet sie bis in 500 m Höhe, oft in Mischbeständen zusammen mit Steineichen. Sie kann sich aber auch auf Mergelböden durchsetzen und gedeiht ebenfalls gut in Gebieten, die Waldbränden zum Opfer fielen.

In den o.g. Wäldern findet man eine ganze Reihe von charakteristischen Sträuchern und Pflanzen. So z.B. die Steinlinde, den Wegdorn, Terpentin-Pistazie und Wacholder, den Honigduftenden Rutenstrauch, die Brennende Waldrebe oder die Rauhe Stechwinde.

Da diese Bestände nur wenig Sonnenlicht passieren lassen, ist die Bodenvegetation karg.

Dort, wo dieser Wald verschwindet, tritt eine weniger reiche Vegetationsform, die Garrigue, an die Stelle. Sie besteht hauptsächlich aus Sträuchern und Kräutern, die die Sonne mögen: Die Kermes-Eiche auf festen Böden, Rosmarin auf Mergelboden, Stech-Wacholder, Weißliche Zistrose, Thymian, Sonnenröschen, Lein, Immortelle, Schmalblättriger Lavendel, Zapfenkopf, Zweifelhafte Strauchscharte, Jasmin, Strauchige Kugelblume, Strauchiger Steinsame, Windendes Geißblatt.

Wo nicht einmal mehr die Garrigue gedeiht, ist der Boden nur noch vereinzelt von Grasbüscheln bedeckt, darunter das "bauco", wie die Ästige Zwenke im Provenzalischen heißt.

An manchen Stellen findet sich der Steineichenwald auch am Nordhang. Besonders im Westteil des Kleinen Luberon, wo der Mistral für die nötige Trockenheit sorgt, oder an einigen sonnigen Plätzen des Großen Luberon, an denen die Niederschläge gut abfließen können und sich die Feuchtigkeit nicht lange hält.

Flaumeichenwald

Die Flaum-Eiche ist ein sommergrüner Laubbaum. Auf der mediterranen Stufe tritt sie dort an die Stelle der Steineiche, wo es die Bodenbeschaffenheit in den Tälern und Ebenen gestattet, viel Feuchtigkeit zu speichern. Den größten Teil der landwirtschaftlichen Anbauflächen gewann man auf Kosten der Flaumeichenwälder, die daher nur noch in geringem Maße vorkommen. In den Flaumeichenwäldern trifft man auf eine ähnliche Pflanzenwelt wie in den Steineichenwäldern, wobei einige Arten stärker repräsentiert sind wie z.b. die Backenkleeart *dorycnium pentophyllum*, die Binsenlilie, Pfriemen-Ginster und Harzklee sowie die Zwenkenart *brachypodium phoenicoides*.

Au- und Galerie-Wälder

Der Auwald besteht aus Schwarz- und Weißpappeln, Weiden, Eschen und Erlen. Er unterstreicht den Verlauf des Gewässers. Wasserreichtum hat eine üppige Vegetation zur Folge, die sich deutlich vor jener abhebt, die auf den Höhenzügen anzutreffen ist.

DIE KOLLINE STUFE

Hierzu zählen der Nordhang des Großen Luberon sowie die Lagen der Südhänge oberhalb von 800 - 900 m.

Hier ist die Flaum-Eiche die alles beherrschende Baumart. In den Hochlagen kommt sie in Mischwaldbeständen vor, zusammen mit diversen Ahornarten (Schneeballblättriger A., Feldahorn, Südfranzösischer A.). In diesem Wald findet man die Elsbeere, den Speierling, den Mehlbeerbaum, Kornel-Kirsche, Europäisches Pfaffenhütchen usw.

Der Flaumeichenwald unterliegt einem dauernden Wandel und bietet sich je nach Jahreszeit in den unterschiedlichsten Farben dar. Da mehr Licht ins Unterholz vordringt, ist die Vegetation in Bodennähe von größerer Vielfalt. Charakteristische Vertreter jener Flora sind Buchsbaum, Wolliger Schneeball, Gemeine Felsenbirne, Italienischer Geißklee, Strauchige Kronwicke, Wacholder, Stinkende Nieswurz, Lorbeer-Seidelbast, Rote Heckenkirsche, Leberblume, Gelber Fingerhut, Wiesen-Priemel, Salomonsiegel, diverse Glockenblumenarten usw.

Infolge eines leichten Rückgangs der Laubwaldbestände kann die Wald-Kiefer (pinus sylvestris) sich ausbreiten, stellenweise sogar sehr stark.

Wo der Wald aus den verschiedensten Ursachen für immer gewichen ist, entstehen Heidelandschaften, in denen sich vor allem Buchsbaum, Wacholder, Aschgrauer Ginster, Echter Lavendel, Thymian usw. finden.

Das spätere Stadium der Entwaldung, wie man es besonders auf dem Kamm des Luberon beobachten kann, führt zu Grasflächen. Dort wachsen Aufrechte Trespe, Schafschwingel, Gamander, verschiedene Wundkleearten usw.

DIE MONTANE STUFE

Sie entspricht den Bereichen mit der größten Luftfeuchtigkeit. Man findet sie:

- am Nordhang des Großen Luberon, in Form von vereinzelt auftretenden Fleckchen im Flaumeichenwald, in einer Höhe von 850 bis 1000 m, vom Kamm stets durch einen etwa 100 m breiten Streifen getrennt, der verhindert, daß die Wärme des Südhangs sich dorthin ausbreiten kann.

- im Vaucluse-Bergland oberhalb von 900 bis 1000 m

Zusammen mit den Buchen wachsen hier Eschen, Linden, Ilex, des Schneeballblättrige Ahorn sowie der Haselnußstrauch.

Die Vegetation im schattigen Unterholz ist eher dürftig. Dennoch trifft man auf die Türkenbund-Lilie, die Bräunliche Nestwurz, das Waldbingelkraut, die Waldhainsimse usw.

AUFFORSTUNG

Seit Mitte des 19. Jahrhunderts sind weite Flächen des Luberon wieder aufgeforstet worden, wobei Baumarten gepflanzt wurden, die hier ursprünglich nicht heimisch waren, darunter vor allem die österreichische Schwarz-Kiefer und die Zeder.

Die Tierwelt des Luberon

Die Verbreitung der Tierarten in der Natur gehorcht häufig komplexen Anpassungsvorgängen, die sich bereits vor Urzeiten vollzogen haben. Ungeachtet der Probleme, die sich aus der Konkurrenz der Arten ergeben, bildet eine jede Art Vorlieben heraus, die ihre Wahl des Lebensraums bzw. Biotops bestimmen. Sie werden gesteuert von einer Vielzahl von Umweltfaktoren, die es der Angehörigen der betreffenden Art gestatten, die für die Nahrungssuche und Fortpflanzung idealen Bedingungen zu finden.

Die Tatsache, daß der Luberon eine Vielzahl von unterschiedlichen Landschaften aufweist, die den Arten dementsprechend viele Biotope bieten, macht den außerordentlichen biologischen Reichtum dieses Höhenzuges aus. So leben hier beispielsweise mehr als 130 der in Frankreich beheimateten 200 Nistvogelarten.

Auch in anderer Hinsicht kann der Stellenwert dieser Region gar nicht hoch genug eingeschätzt werden: Sie ist Heimat für Tiere, die auch im nationalen Maßstab ausgesprochen selten geworden sind. Zu erwähnen sind besonders die Greifvögel wie der Bonelli-Adler oder der Schmutzgeier.

Je nach Gesteins- und Vegetationsbeschaffenheit der Landschaften des Luberons lassen sich grob fünf Zonen unterscheiden. Ihnen entsprechen ebensoviele Biotope, die jeweils eine typische Fauna beherbergen. Gleichwohl haben gewisse ubiquitär (überall) auftretende Tierarten sich stellenweise ziemlich einheitlich in den verschiedenen Landschaftstypen verbreitet.

DIE LANDSCHAFTEN DER GARRIGUE UND DIE WEIDE- UND HEIDELANDSCHAFT DER KAMMLAGEN

Bei beiden Typen handelt es sich um Landschaften, die durch das massive Eingreifen der Menschen eine Verschlechterung der Vegetationsbedingungen erfahren mußten, sogenannte "offenen Zonen". Brände, Rodungen und überweidung waren hier seit der Jungsteinzeit gang und gäbe. Paradoxerweise finden sich gerade in diesen Gebieten die seltensten und folglich kostbarsten Arten.

Die Garrigue mit Kermes-Eichen und Rosmarin

Die Garrigue besteht aus dornigen Sträuchern und Kräutern von nur geringer Höhe.

Unter den Reptilien finden wir hier die Perleidechse, den Spanischen Sandläufer, die Erzschleiche und die Natternarten *elaphe scalaris* und *malpolon monspessulanus*.

Bei den Vögeln treffen wir auf die Arten, die sich auf die jeweilige Vegetation spezialisiert haben. Die Provence-Grasmücke ist ein typischer Bewohner der niederen, offenen Garrigue, während die Samtkopf-Grasmücke die höhere, dichtere Garrigue bevorzugt.

Fällt die Garrigue den Flammen zum Opfer, so verändert sich die Zusammensetzung der Vogelwelt völlig: Sowohl die Anzahl als auch die Dichte der Arten nimmt zu, was vermutlich auf die günstigeren Vegetationsbedingungen (Kräuter und Gräser) zurückzuführen ist.

Mittelmeer-Schmätzer und Elstern findet man in großer Zahl, ebenso den Ortolan, die Heidelerche und den Brach-Pieper, nicht zu vergessen das Rothuhn, das sich stark ausbreitet, falls die Jäger es nicht zu sehr dezimieren, und bisweilen auch den Triel. Bei den Reptilien hingegen ändert sich die Artenvielfalt nicht, die Dichte nimmt jedoch beträchtlich zu.

Weideflächen und vom Buchs beherrschte Heidelandschaft der Kammlagen

Seit undenklichen Zeinten wurden die Kammlagen für die Schafzucht genutzt.

Unter den Reptilien verdienen Aspis-Viper und Erzschleiche besondere Erwähnung, bei den Vögeln Feld- und Heidelerche, Brach-Pieper, Zipp-Ammer und Dorngrasmücke.

Auf den Grasflächen des Großen Luberon sowie auf Wadlichtungen stößt man auf den Baum-Pieper und die Heckenbraunelle, zwei im Gebirge heimische Vogelarten, sowie auf den Hasen.

Aber die offenen Regionen wie die Garrigue und die Grasflächen haben noch eine weitere Bedeutung: Sie sind die bevorzugten Jagdgebiete der großen Greifvögel. Man kann dort den Schlangenadler Jean le Blanc, den Schmutzgeier oder den Bonelli-Adler beobachten.

DIE FELSIGEN BEREICHE

Diese Gebiete sind von Felsformationen (Felswände, Schluchten) geprägt, in denen Tiere und Pflanzen beheimatet sind, die zu den seltensten und bedrohtesten der Gegend zählen.

Charakteristisch für diese Zonen sind zwei benachbarte Arten, die in Kolonien lebende Felsen-Schwalbe und der Alpensegler. Die Dohlen nisten ebenfalls, bisweilen in großen Kolonien, in den meisten Felswänden. Hier und da findet man vereinzelt auch Rabenpaare.

Weitere charakteristische Bewohner sind die Hohltaube, der Hausrotschwanz und vor allem die Blaumerle, der für die sonnigen Felslandschaften des Mittelmeerraums typische Vogel.

In den Felsformationen, in die der Mensch kaum je vordringt, finden die großen Greifvögel Zuflucht. Leider sind Bonelli-Adler, Schmutzgeier und Uhu sehr selten geworden. Man stößt auch auf den Turmfalken und den Waldkauz, die noch etwas verbreiteter sind.

DIE WALDGEBIETE

Die in den Wäldern vorkommenden Tierarten sind im wesentlichen paläarktischen Ursprungs. Sie stellen insofern keine Besonderheiten dar, denn meist handelt es sich um Arten, die man so gut wie überall in Frankreich antrifft.

Das Tiervorkommen steigt jedoch merklich an, sobald man sich vom Niederwald in den Hochwald mit seinen sehr viel älteren Baumbeständen begibt. Dort ist die Fauna von bemerkenswerter Zahl und Vielfalt.

Zu den am häufigsten anzutreffenden Reptilien zählen die Blindschleiche, die seltene, zur Gattung der Kletternattern gehörende Äskulap-Natter sowie die Smaragd-Eidechse.

Bei den Vögeln herrschen die Sperlings-Vögel vor: Schwarzdrossel, Nachtigall, Mönchsgrasmücke und Bartgrasmücke im Eichenniederwald, Rotkehlchen, Tannen- und Blaumeise sowie Goldhähnchen in den Bereichen mit höherem Baumbestand. In höheren Lagen findet man Ringeltaube, Misteldrossel, Buntspecht, Kleiber und Fichtenkreuzschnabel.

Einige Greifvogelarten wie Sperber, Hühnerhabicht oder Wespenbussard sind ebenfalls gut vertreten. Der Schlangenadler Jean le Blanc indes ist seltener zu beobachten. Er nistet auf Bäumen in schwer zugänglichem, schroffem Gelände.

Bei den Säugetieren verdient vor allem das in den örtlichen Jägerkreisen außerordentlich begehrte Wildschwein Erwähnung. Es ist weit verbreitet. Nicht zu vergessen auch die bescheidene Rehwildpopulation (Rehe und Hirsche), die seit einiger Zeit im nördlichen Teil des "Parc" anzutreffen ist. Man hofft, daß sich daraus in Zukunft bedeutendere Bestände entwickeln, die in den Wäldern der Gegend heimisch werden.

DIE FEUCHTGEBIETE AN DEN WASSERLÄUFEN

Diese Gebiete lassen sich dreifach untergliedern:

Bei den Säugetieren zählt hier der Biber zu den charakteristischen Arten. Er kommt in Kolonien an den Ufern der Durance und des Calavon vor.

Ruhige Gewässer mit Röhricht

Bei den Vögeln sind es Grasmückenarten wie der Sumpfrohrsänger, die überall im Schilf vorkommen. Man findet ebenfalls Entenarten wie die Stockente, man stößt auf Bläßhuhn, Hauben- und Zwergtaucher, auf das Teichhuhn und die Wasserralle, auf Reiherarten wie Rohr- oder Zwergdommel.

Unter den Reptilien trifft man auf die Vipernatter, die ihre Beute im Wasser jagt, sowie auf die Ringelnatter. Auch Amphibien wie Wasser- oder Laubfrosch, Kröten und Schlammtaucher sind zahlreich vertreten.

In den stilleren Uferzonen findet man zahlreiche Fischarten: Döbel, Barben, Karpfen, Aale und auch Hechte.

Im schnellfließenden, sauerstoffreichen Wasser zählt die Bachforelle zu den hervorragenden Vertretern der Flußfauna.

Schnellfließende Gewässer und Kiesbänke

Bei den Vögeln geben sich hier kleine Stelz- und Watvögel ein Stelldichein, so z.B. der Flußregenpfeifer und der Flußuferläufer. Auch die Weiße Bachstelze kommt häufig vor. Man findet auf den "iscles", den kleinen, unzugänglichen Inseln in der Durance sogar Vögel, die eigentlich am Meer beheimatet sind: See- und Lachmöwe sowie die Flusseeschwalbe.

Die kleinen Wasserläufe wie Aiguebrun, Calavon oder Largue mit ihrem im Oberlauf oft reißenden Wasser warten mit einem besonderen Vertreter der Vogelwelt auf, der an den Gebirgsbächen der Alpen heimisch ist: die Wasseramsel. Ebenso findet man dort auch die Gebirgsstelze.

Auf den Sand- und Schlickbänken in den Uferzonen, bisweilen aber auch etwas abseits des Flusses, nisten Bienenfresser, Eisvogel und Uferschwalbe.

Der Auwald Pappeln, Weiden und Erlen, aus denen dieser Wald besteht, beherbergen eine Reihe von weitverbreiteten Sperlingsvogelarten (Meisen, Grasmücken, Nachtigallen), Turteltauben, aber auch spezifischere Arten wie den Pirol oder auch Reihervögel (Nacht-, Seiden-, Graureiher) sowie Greifvogelarten wie den Schwarzen Milan und den Baumfalken.

DIE SIEDLUNGSRÄUME DER MENSCHEN

Dörfer und Städte In den Dörfern und Städten unweit der Durance (Cavaillon, Cadenet) trifft man auf den Mauergecko, der sich hier an der nördlichen Grenze seines Verbreitungsgebietes befindet. Hausspatz, Mauersegler und Mehlschwalbe sind die häufigsten Vogelarten. In den Weilern und in entlegenen alten Gehöften trifft man auf den Feld-Sperling, die Rauchschwalbe und den Gartenrotschwanz.

Die traditionellen Landwirtschaftszweige Die Landwirtschaft basiert auf Schafzucht und kleineren Mischkulturen (Getreide, Weidewirtschaft, Mandeln, Oliven, Wein, Maulbeerbäume, Lavendel usw.). Hier findet sich eine interessante Fauna, die in den Hecken und alten Bäumen heimisch ist.

Smaragd-Eidechse und Blindschleiche sind keineswegs selten. Kröten sind weitverbreitet. Zaun- und Grauammer, Wachtel, Wiedehopf sowie kleinere Nachtgreifvögel wie die Zwergohreule und der Steinkauz sind ebenfalls anzutreffen.

Die industrielle Landwirtschaft Mit ihren modernen Anbaumethoden prägt sie das Aussehen der landwirtschaftlichen Nutzflächen: Gewächshäuser unter Plastikfolie und Obsthaine mit Bäumen in Reih' und Glied.

Diese Bereiche beherbergen eine ausgesprochen dürftige Fauna, was vermutlich darin begründet liegt, daß es kaum noch Hecken gibt. Die gewaltigen Mengen von Pestiziden und der chemischer Dünger tun ebenfalls ihre Wirkung: Sie setzen der Tierwelt arg zu. Hier trifft man nur auf wenige, widerstandsfähigere Vogelarten wie den Spatz, die Elster, Krähe, Grünling und Girlitz.

Die Wanderungen

		Seite
1	Über dem Ufer der Durance	27
2	Der Aussichtspunkt von Bellevue	31
3	Im Wald von Pélicier	33
4	Das Tal der Encrême	37
5	Am Pass von Vitrolles	41
6	Die Nordflanke des Großen Luberon	43
7	Die Südflanke des Großen Luberon	47
8	Der Mourre Nègre	51
9	Das Tal des Aiguebrun	53
10	An der "Combe de Lourmarin"	57
11	Lauris - Kleiner Luberon - Bonnieux	61
12	Der Zedernwald	65
13	Von Mérindol nach Ménerbes	69
14	Die Régalon-Schlucht	73
15	Das "Vallon de Combrès" und der "Sautadou du Bausset"	77
16	Die Quelle des Boulon und die Felsen von Baude	79
17	Die Véroncle -Schlucht	81
18	Oberhalb von Saint-Saturnin-lès-Apt	85
19	Die Gegend um Viens	87
20	Zwischen dem "Colorado Provençal" und dem Vaucluse-Bergland	91

ITINERAIRE

1

Über dem Ufer der Durance

Dieser Rundwanderweg erschließt die bewaldeten Höhen oberhalb der Durance unweit des Durchbruchs bei Mirabeau.

Dauer:
4 Std. 30 Min.

Höhenmeter:
380 m

Schwierigkeitsgrad:
★★★★

Achtung:
Der Abstieg vom Gipfel des Saint Sépulcre hinunter zur Durance ist ein sportliches Unterfangen.

Ausgangspunkt:
An der Brücke von Mirabeau am rechten Flußufer (N 96). Den Wagen aus Sicherheitsgründen vor dem Bahnhof von Mirabeau parken.

An der Brücke folgen wir den Eisenbahngleisen zu Füßen der schroffen Felsformationen am rechten Ufer der Durance. Unmittelbar nach der engen Schlucht von Mirabeau weitet sich das Tal der Durance. Der Weg verläuft oberhalb des Flußbettes, in dem Baustoffe (Sand, Kies, Steine) gewonnen werden. Jenseits des Flusses befindet sich das Wasserkraftwerk von Jouques. Flußabwärts die überreste von "Quatre-Tours", einer ehemaligen Postkutschenstation, hinter denen wir den nach rechts ansteigenden Weg verlassen, um nach links in einer Unterführung unter dem Bahngleis hindurchzugehen.

Etwa 500 m weiter halten wir uns rechts und unterqueren erneut das Bahngleis. An dieser Stelle ist in der Durance ein Damm errichtet worden, um nach Abbau der Kiesvorkommen eine Wasserfläche anzustauen. Der Pfad verläuft nun durch die Garrigue und steigt in Serpentinen an. Er trifft in Höhe einer Zisterne wieder auf den breiten Forstweg (Piste DFCI -Forstweg zur Brandbekämpfung). An der Weggabelung hinter der Zisterne halten wir uns rechts. Bei "La Pinette" verläuft der Weg im Schatten eines Kiefernhains (Aleppo-Kiefer). Wir gelangen an eine zweite Gabelung (eiserner Schlagbaum). Hier lassen wir den bergab führenden Weg links liegen und steigen nach rechts durch ein niedriges Steineichenwäldchen zum Gipfel des Saint-Sépulcre empor.

Im Verlaufe des Anstieges bieten sich mehrere Aussichtspunkte: Man erkennt den Luberon und Mirabeau, in dessen Mauern Szenen zu den Filmen "Jean de Florette" und "Ein mörderischer Sommer" gedreht wurden. Wir erreichen schließlich das Plateau von Saint-Sépulcre, von wo aus der Blick weit über das Tal der Durance schweift.

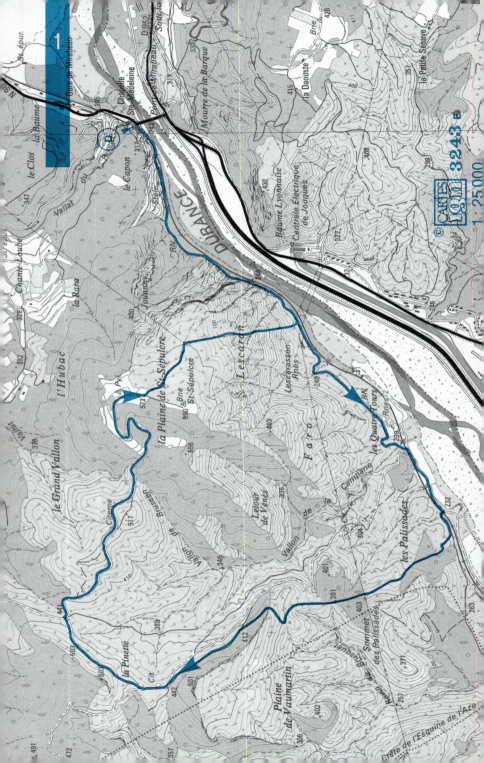

Ungefähr auf halbem Wege zwischen den Fernmeldemasten und dem Gipfel verlassen wir den Forstweg nach links, um einem Pfad zu folgen, der durch den Niederwald zum Rand des Plateaus führt (Richtung Hochspannungsleitung). Der Abstieg verläuft entlang der Hochspannungsleitung. Wir durchqueren ein Karrenfeld (durch Erosion und Verwitterung wild zerklüftetes Terrain) und gelangen durch Geröll rasch hinunter ins Tal. Dieser Teil der Wanderung erfordert allergrößte Vorsicht. Er ist steil und stellt einige Anforderungen an das körperliche Leistungsvermögen.

Wir kehren auf dem gleichen Weg wie zu Beginn am Ufer der Durance entlang zur Brücke von Mirabeau zurück.

DIE DURANCE

In früheren Zeiten hatte die Durance den Charakter eines Gebirgsstroms, dessen Wasserführung unberechenbar war. Überschwemmungen hatten stets schwere Verwüstungen zur Folge. Das Flußbett veränderte sich permanent, so daß der Fluß für die Menschen und ihre Habe, für Haus und Hof, Felder und Verkehrswege eine ständige Bedrohung darstellte. Ein altes, von F. Mistral überliefertes provenzalisches Sprichwort bestätigt dies: "Mistral, Parlament und Durance sind die drei Geißeln der Provence". Schon Plinius hatte festgestellt: "Die Durance ist unberechenbar, ohne Bett, ohne Grenzen, hemmungslos". Die einstige Heftigkeit des gewaltigen Stromes hat ein gigantisches Flußbett geschaffen, das an manchen Stellen bis zu einem Kilometer breit ist und mit einer beträchtlichen Gesteinsschicht bedeckt ist. Das Geröll wurde zum größten Teil vom Schmelzwasser aus den Alpenregionen talwärts gerissen.

Seit 1960 haben die Eingriffe des Menschen die Wasserführung und damit das Gleichgewicht des Flusses völlig verändert. Dabei hat sich der Mensch die außergewöhnlichen Möglichkeiten, die der Fluß bot, zu Nutze machen können: Die Hochwasser im Frühjahr und im Herbst speisen heute eine Reihe von Stauseen.

Die Durance selbst führt nur wenig Wasser. Der weitaus größte Teil des Wassers wird in Seitenkanäle geleitet, wo es der Mensch für seine Zwecke nutzt: Bewässerung der landwirtschaftlichen Anbauflächen, Trinkwassergewinnung, Stromerzeugung. Die "Zähmung" der Durance hat dem Menschen den Zugang zum natürlichen Bett des Flusses erleichtert - an manchen Stellen nahezu ohne Einschränkung. Es wird landwirtschaftlich genutzt, man findet touristische Einrichtungen und mittlerweile verläuft sogar die Autobahn in Ufernähe. Am schwersten wiegt jedoch das Ausbeuten der Kiesvorkommen, das zur Oberflächenveränderung führt und eine Verringerung des Schwemmlands zur Folge hat. Dies wiederum zieht ernsthafte Probleme für den Wasserhaushalt sowie die Landwirtschaft nach sich und beeinträchtigt des ökologische Gleichgewicht am Fluß.

Was die natürlichen Ressourcen angeht, ist die Durance von großer Bedeutung. Ebenso hat sie für die Freizeitgestaltung der Menschen (Jagd, Fischen, Wandern) eine wichtige Funktion, die allerdings durch die oben genannten Maßnahmen gefährdet wird.

Die Regulierung des Flußlaufes hat im ehemaligen Flußbett neue Biotope entstehen lassen, so z.B. bewaldete Flächen mit Pappeln, Weiden, Erlen, Eschen usw., in denen eine artenreiche Vogelwelt beheimatet ist und wo man sogar auf Biber trifft.

Die Durance bei Mirabeau

DER DURCHBRUCH VON MIRABEAU

Auf der Höhe von Mirabeau durchschneidet die Durance das Felsmassiv (Antikline) von Mirabeau-Vautubière in einer engen Schlucht.

Von der Straße aus kann man deutlich die Struktur der Gesteinsschichten erkennen.

Dieser Durchbruch hatte seit jeher eine große strategische Bedeutung, denn hier verliefen die Verkehrswege, die das Mittelmeer mit den Alpen verbanden. Bis in die Mitte des 19. Jahrhunderts überquerte man die Durance gegenüber der Kapelle "Sainte-Madeleine" mit einem Fährkahn. Die erste Hängebrücke wurde 1835 errichtet. Nach dem letzten Krieg erfolgte der Bau einer neuen Brücke, die kürzlich einer modernen Betonkonstruktion weichen mußte.

Der Aussichtspunkt von Bellevue

Die Berge um Volx, die bei Bellevue eine Höhe von 800 m erreichen, stellen den Ostzipfel des Luberon dar. Bei der Faltung von Volx handelt sich um eine Antikline, einen Faltensattel aus hartem Kalkgestein. Daher der felsige und schroffe Charakter der Landschaft. Da das Gebiet sehr unterschiedlichen klimatischen Einflüssen ausgesetzt ist, finden sich dort entsprechend unterschiedliche Vegetationsformen.

Von der "Place des Félibres" führt uns die "Rue des Congés Payés" (Straße des Bezahlten Urlaubs; in Erinnerung an eine Errungenschaft der ersten sozialistische Regierung 1936) in das alte Dorf. Wir umgehen die Kirche in der "Rue du Greffe", setzen unseren Weg in der "Rue Pierre et Marie Curie" fort und steigen die "Montée de la Capellane" empor. Am Wasserreservoir stoßen wir auf einen kleinen Platz. Oberhalb davon die Grotte von Capellane, bei der es sich allerdings eher um einen Felsüberhang als um eine Höhle handelt. Er rührt von den Wasseransammlungen zu Füßen der Felsen her, die manchmal unter Frosteinwirkung bersten. Diese Höhlen, im Provenzalischen "baumes" genannt, waren in der Vorgeschichte bewohnt. Heute versucht eine Kolonie von Dohlen, den Felsen den Kletterern streitig zu machen, die dort übungsfelsen für eine Kletterschule ausgerüstet haben.

Weiter oberhalb bewegt sich der Pfad hoch über der Schlucht von Margarides (Combe des Margarides), die von einem Felsgipfel überragt wird, auf dem man zwischen März und September den Schlangenadler Jean Le Blanc beobachten kann, der sich gern dort niederläßt.

Am "cairn", einer kleinen steinernen Pyramide, verlassen wir den Pfad und steigen einen steilen Pfad zu einer Lichtung empor. Hier wenden wir uns nach Osten und halten auf den "Rocher de l'Aigle", den Adlerfelsen, zu. Beim Anstieg bewegen wir uns über Geröll, bei dem es sich um die überreste der Befestigungsmauer einer großen keltoligurischen Siedlung (oppidum) handelt, die sich auf der Ebene der Kuppe befand. Dieser Platz war leicht zu verteidigen, verfügte über eine unvergleichliche Aussicht und wies darüberhinaus noch einen seltenen Vorzug auf: In seiner Nähe, unweit des Gehöfts von Bellevue, gab es zwei Quellen, die die Wasserversorgung sicherstellten. Vom Gipfel aus bietet sich uns ein großartiges Schauspiel: Jenseits des Durancetales erheben sich die gewaltigen Gipfel der Alpen.

ITINERAIRE

2

Dauer:
4 Std.

Höhenmeter:
400 m

Schwierigkeitsgrad:
★★★

Ausgangspunkt:
"Place des Félibres" in Volx.

Während des Anstiegs fallen in südwestlichex Richtung sechs Hügel auf, die wie aufgereiht zwischen Manosque und Volx liegen. Ihre geologische Zusammensetzung besteht aus dem gleichen Konglomerat wie das jenseits der Durance liegende Plateau von Valsensole. Zwei Vorgänge haben zu ihrer Entstehung geführt : Zunächst haben die Bäche, die den Südhang des Luberon hinabstürzten, die Konglomeratformation abgetrennt, indem sie sich vereinigten und parallel zur Durance abflossen. Später dann haben die Bäche die Einschnitte vertieft, die die Durance in der Konglomeratformation bewirkte. Auf diese Weise wurden die einzelnen Hügel voneinander getrennt.

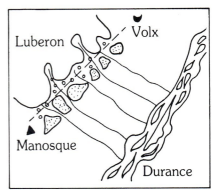

Ehemaliger Olivenhain
--- Verlauf des Wassers

Wir kehren auf unseren Spuren zur kleinen Lichtung zurück und setzen unseren Weg am Nordhang fort. Nach einem kurzen Abstieg verläuft der Pfad oberhalb der "Combe de Sarzen", die sich ebenso wie die "Combe des Margarides" durch Erosion in die Kuppe des Faltensattels gefressen hat.

Wir gelangen an ein Becken, in dem das Wasser einer der Quellen aufgefangen wird, die wir oben erwähnten. Das Vorhandensein von Quellen mag vielleicht erstaunen. Es erklärt sich aus der Tatsache, daß die Niederschläge auf der Kuppe von Bellevue beim Versickern in den Boden auf eine wasserundurchlässige Kalkmergelschicht treffen, deren Verlauf folgend sie wieder zutage treten.

Nach der Quelle überqueren wir die Straße im Scheitelpunkt einer Kurve. An den Ruinen von "Plaines" vorbei gelangen wir an die Gemeindegrenzen von Volx und St. Maime. Die bewaldete Landschaft hat eindeutig gebirgsartigen Charakter, da es sich um einen Nordhang handelt. Nach einer Passage an einem Steilhang entlang trifft der Pfad einen Weg, dem wir bis zur Kreuzung von "Montaigu" folgen. Der Hügel gleichen Namens liegt im Süden. Seine schlanke Form läßt nicht ahnen, daß sich oben auf der Kuppe die Ruinen eines Dorfes befinden, das im Jahre 1400 aufgegeben wurde.

Wir verlassen die Straße, um den Pfad den Südhang abwärts zu nehmen. Nach dem Pass von "Pissautier" stoßen wir auf die Schlucht von "Fontamauri", deren Wasserlauf von einer Quelle gespeist wird, die bereits zu Zeiten der Römer gefaßt wurde. Wir folgen dem "Chemin des Fontaines", dem Weg der Brunnen, der von alten Steinbauten gesäumt ist, die ehemals Wasserentnahmestellen warren.

Der Weg zum Dorf zurück führt uns durch prächtige Olivenhaine, die ein Phänomen offenbaren : Erosion hat die Wurzeln der Olivenbäume freigelegt, so daß diese wie erhöht wirken.

ITINERAIRE

3

Im Wald von Pélicier

Durch seinen Bestand an hohen Schwarz-Kiefern ist es im Wald von Pélicier meist angenehm kühl. Es herrscht dort eine Stimmung, wie man sie sonst im Luberon nur selten findet. Während der Wanderung kann man u.a. beobachten, auf welche Weise die Menschen früher und z.T. auch heute noch bestimmte Gesteinsvorkommen ausbeuteten.

Dauer:
3 Stunden

Höhenmeter:
170 m

Schwierigkeitsgrad:
★★

Ausgangspunkt:
Am Pass "Col de la Mort d'Imbert", an der D 5 zwischen Manosque und Dauphin.

Am Pass nehmen wir die kleine Straße in östliche Richtung und passieren ein wieder hergerichtetes Haus, eine ehemalige Ziegelei. Der Brennofen befindet sich einige Meter hinter dem Gebäude auf der linken Seite. Wir erkennen auch die Tongruben beiderseits der Straße, in denen der Rohstoff abgebaut wurde. Nach etwa 350 m nehmen wir einen ebenen Pfad nach links, der die überreste ehemaliger Gipsbrüche durchquert.

Wir verlassen besagten Pfad und erreichen über einen steilen Abstieg einen kleinen Pass; der Markierungsstein an dieser Stelle begrenzt das Gebiet von Montaigu, auf dem früher Braunkohle abgebaut werden durfte. Nun führt der Pfad östlich um den Hügel von "Escourteja" herum, verläuft dann abwärts, passiert brachliegende Felder, wendet sich nach links, um dann erneut abwärts an die D 5 zu gelangen. Wir folgen dem Asphalt etwa 200 m nach links, bevor wir nach rechts in den "Chemin des Deux Moulins" (Weg der zwei Mühlen) einbiegen. Eine Urkunde aus dem Jahre 1431 bezeugt den Wiederaufbau der Mühle, die sich einst an dieser Stelle befand, durch einen gewissen Barthélémy Gontard aus Manosque. Heute beherbergen die Gebäude das "Centre de Découverte de l'Espace Pastoral".

Jenseits der Gebäude führt der Pfad über Wiesen, die von Nadelbäumen durchsetzt sind (Schwarz-Kiefern und Wald-Kiefern mit rötlicher Rinde). Am Westhang des Hügels wird es sonniger, der Baumbestand ändert sich: Ein Niederwald aus Flaum-Eichen, überragt von einigen hohen Aleppo-Kiefern bestimmt das Bild. Vor dem Erreichen der Talsohle fallen einige vereinzelt stehende Zedern ins Auge, die auf tonhaltigem Boden offensichtlich weniger gut gedeihen als auf kalkhaltigem.

Wir treffen nun auf einen breiten Forstwirtschaftsweg, der uns zum Forsthaus von Pélicier hinaufführt, dessen Namen das Waldgebiet trägt.

DIE GIPSBRUCHE

Die Gipsvorkommen - "gipières" nach dem provenzalischen Wort "gip" - wurden schon vor langer Zeit ausgebeutet, wie ein Vertrag aus dem Jahre 1378 belegt. Er beinhaltet, daß die Königin Johanna dem Adligen Fouquet d'Agoult die Rechte verkaufte, Gips am "Escourteja" abzubauen. Bemerkenswert ist der reiche Gipsgehalt der Steine, die man in den überresten der Brüche findet sowie das prächtige Gewölbe, das den Eingang zu den Stollen bildetete, die heute allerdings eingestürzt sind. Man gewann den gebrannten Gips, indem das Gipsgestein im Brennofen in Holzfeuer erhitzt wurde.

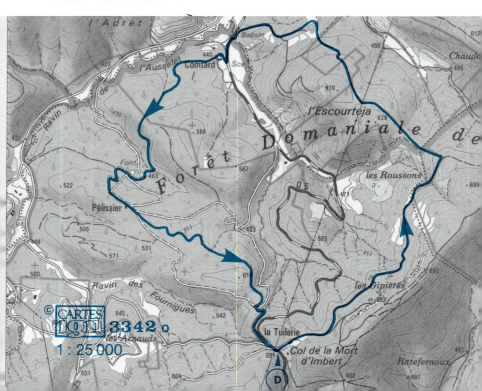

Am Ende der Allee gehen wir geradeaus weiter. An der Weggabelung nehmen wir den Pfad die Anhöhe hinauf und setzen unseren Weg auf dem "Sentier des Roches", dem Felspfad, fort. Diese beiden Pfade wurden von der Forstbehörde (Office National des Forêts - ONF) angelegt und ausgeschildert.

Wir gelangen an eine Stelle mit einer Orientierungstafel, wo drei Forstwege aufeinandertreffen, und erreichen den "Col de la Mort d'Imbert", dessen Name an Imbert de Forcalquier erinnert, der hier im Jahre 1163 ermordet wurde.

DER FORST VON PELICIER

Der ganze Wald ist das Werk von Forstarbeitern. Die Arbeiten fanden Ende des letzten Jahrhunderts in einem groß angelegten Aufforstungsprogramm für die Gebirgsregionen statt. Er besteht aus österreichischen Schwarz-Kiefern, einem hier nicht heimischen Nadelbaum, der ursprünglich aus Istrien stammt. Man findet ihn in den meisten aufgeforsteten Gebieten der Südalpen, da er sehr robust ist, die Kälte gut verträgt und auch längere Dürreperioden übersteht.

DIE UNTERIRDISCHE ERDOELLAGERUNG

Vom "Sentier des Roches" aus, der oberhalb der Straße nach Dauphin verläuft, fällt der Blick auf eigenartige asphaltierte Flächen. Es handelt sich dabei um Einfüllvorrichtungen für das Erdöl, das vom Etang de Berre nördlich von Marseille in einer Pipeline herangeschafft wird. Insgesamt befinden sich 36 Kammern in diesem Salzstock, in 400 bis 1200 m Tiefe. Sie sind bis zu 300 m hoch und weisen einen Durchmesser von 60 bis 80 m auf. Jede Kammer ist mit Wasser aus dem Salzstock gespült worden. Die dabei anfallende Lauge wurde in die Teiche von Lavalduc und Engrenier gepumpt.

Die Salzmenge, die nach Abschluß des Projekts angefallen sein wird, entspricht dem Zwei- bis Dreifachen der französischen Jahresproduktion.

Die 36 Kammern sollen einmal zehn Millionen Kubikmeter Erdöl aufnehmen können.

Das Tal der Encrême

In der Vielzahl der Landschaften, die der Luberon aufweist, nimmt das Becken der Encrême aus geologischen und historischen Gründen einen besonderen Platz ein.

Das Tal der Encrême ist von zum Teil steilen Molasserücken eingeschlossen, auf denen sich die Orte Céreste, Montjustin und Reillanne befinden. Es öffnet sich nach Westen zum Tal des Calavon hin durch eine enge Schlucht, "nid d'amour" - Liebesnest - genannt. Im Osten wird es begrenzt vom Pass von Granon. An dieser Stelle erblickt der aus dem Rhônetal kommende Reisende zum ersten Mal die Alpen. Ausgedehnte Wiesen und Weiden sowie die Pyramidenpappel bestimmen das Antlitz dieser weiten Senke, begünstigt durch das Wasser, welches sich hier sammelt.

Es gibt eine Unmenge von Hinweisen darauf, daß diese Gegend seit Urzeiten permanent besiedelt gewesen sein muß. In Pierrefeu fand man Werkstätten, in denen Steinwerkzeuge aus Feuerstein gefertigt wurden, bei Saint-Mitre höhlenartige Felsüberhänge, bei Carluc eine Höhle und einen Steinwall (Grand Clapier) nordwestlich von Céreste.

Mit der Besiedelung durch die Römer und der Eröffnung der "Via Domitia" wird das Tal zu einer wichtigen Etappe auf dem Weg von Spanien nach Italien. Diese Funktion füllt es aus, bis die wichtigen Verkehrswege entlang der Durance angelegt werden.

Wir verlassen Céreste auf der Straße nach Vitrolles und überqueren die Aiguebelle, ein Flüßchen, das ebenso wie die Encrême von einer kleinen Biberkolonie bevölkert ist.

Der Weg führt durch Flaum-Eichen und Buchs bergan auf den Kamm von Montjustin, von wo aus sich ein prächtiger Blick auf den Nordhang des Großen Luberon offenbart. Er verläuft dann eben unterhalb von Montjustin, das im Mittelalter eine Festung war. Wir bewegen uns auf den folgenden 2,5 km in Richtung Osten, um dann den GR 4 zu verlassen und den Hang in nördliche Richtung hinabzusteigen. Durch ein Ahornwäldchen (Dreilappiger Ahorn, mit Flechten bewachsen) gelangen wir an einen Niederwald aus Flaum-Eichen, durchsetzt von Waldkiefern und Adlerfarn.

Wir passieren eine große Wiese und lassen das Gehöft von Courbon (Unterkunft für Reitersleute) rechts liegen. Auf der Höhe des Mas Saint-Cléry fällt der Blick auf eine

---

ITINERAIRE

4

Dauer:
7 Stunden

Höhenmeter:
450 m

Schwierigkeitsgrad:
★★★★

Ausgangspunkt:
Céreste
an der N 100

Anmerkung:
Gemeinsamer Streckenverlauf mit dem GR 4 und dem GR 97.

majestätische Eibe, die sich aus der eingefriedeten Weide erhebt. Diese Baumart, die sehr alt werden kann, ist leider im Aussterben begriffen.

In Reillanne erhält man alles, was man für die Mittagspause benötigt. Man sollte den Weg indes nicht fortsetzen, ohne durch die Straßen der Altstadt zur Kapelle Saint-Denis emporgestiegen zu sein: Der Aussichtspunkt, das Portal aus dem 13. Jahrhundert und die überreste der Burg sind einen Besuch wert.

Wir verlassen das Dorf auf der Straße, die zum Friedhof (cimetière) führt. Von hier aus kann man sehr gut den Unterschied beobachten zwischen der fruchtbaren Ebene und der Kargheit der vom Kalkgestein geprägten Landschaft, wo vor allem Steineichen wachsen.

Biber

DER BIBER

Trotz ihrer bescheidenen Ausmaße beherbergt die Encrême einen außergewöhnlichen Bewohner, den Biber. Es handelt sich um die größte in Europa beheimatete Nagetierart (20 bis 40 kg schwer), die größte auf dem Gebiet des "Parc du Luberon" unter Naturschutz stehende Säugetierart.

Der Biber ist Pflanzenfresser und ein ausgezeichneter Schwimmer. Er gräbt seinen Bau in die Uferböschung.

Er fällt Weiden und Pappeln von respektabler Höhe. Man erkennt sein Vorhandensein an den bleistiftartig zugespitzten oder angeschrägten Enden der Holzstücke, die herumliegen und denen häufig die Rinde fehlt. Obwohl im Grunde harmlos, kann er bisweilen Schäden anrichten, wenn er sich über den Pappelbestand oder die Obstbäume hermacht, die sich in unmittelbarer Ufernähe befinden. Im allgemeinen genügt es jedoch, auf einem Streifen nicht kultivierten Landes am Ufer der Bäche der natürlichen Vegetation Raum zu lassen. Hier findet er alles, was er zum Leben braucht, so daß er keine Veranlassung hat, die landwirtschaftlichen Nutzflächen heimzusuchen.

Am Rand des Plateaus verlassen wir die Straße auf dem nach links bergab führenden Pfad. Durch das Tal von Cure gelangen wir an einem kleinen See vorüber nach Carluc, wobei wir einen Auwald durchwandern (Pappeln, Weiden und Eschen).

Von Carluc leitet uns eine schmale asphaltierte Straße in einigen Windungen zwischen Steineichen und Feldern hindurch zurück nach Céreste.

CARLUC

Carluc war seit dem Jahre 1000 n. Chr. ein befestigtes Kloster. Im 12. Jahrhundert wurde es Großpriorat von Montmajour. Zu jener Zeit umfaßte der Komplex drei Kirchen : Notre-Dame, die noch erhalten ist und heute den Namen Saint-Pierre trägt sowie Saint-Jean-Baptiste (Johannes des Täufer), die sich oberhalb der Quelle befand und von der nur noch der Anfang des Gewölbes erhalten ist. Von der ursprünglichen Kirche Saint-Pierre schließlich ist nichts mehr erhalten : Darin befanden sich die Kammer und der Altar, die man im nördlichen Teil des Komplexes in den Fels gemeißelt sehen kann. Über den Gang mit den Grabstätten spannte sich ein Gewölbe, das von zwanzig Säulen getragen wurde. Die in den Stein gemeißelten Grabstätten umfassen nur einen kleinen Teil der Gräber, die diese gewaltige Nekropole einst aufwies.

Wie an anderen geschichtsträchtigen Orten der Provence (Buoux, Ganagobie) haben die Erbauer von Carluc die Wahl dieses Platzes aus mehreren Gründe getroffen :

- Der Ort war seit der Jungsteinzeit von Menschen besiedelt.

- Es gab eine Quelle, die zu Zeiten der Römer unter dem Schutz einer heidnischen Gottheit stand.

- In den Anfängen der Christianisierung lebte dort wahrscheinlich ein Eremit.

- Der Ort lag in der Nähe der "Via Domitia", über die später die Pilger nach Rom oder nach Santiago de Compostela zogen.

Carluc

Alant
(inula montana L.)

ITINERAIRE

5

Am Pass von Vitrolles

Man bewegt sich auf zwei kleinen Rundwanderwegen, die östlich bzw. westlich des Passes verlaufen. Sie eignen sich vorzüglich für einen Familienausflug. Empfehlenswert ist es, die eine Schleife am Vormittag zu wandern, um nach dem Picknick am "Vallon des Agasses" zur zweiten aufzubrechen.

"PLAN DES AGASSES"

Dieser Wanderweg entspricht dem Rundwanderweg Nr. 2 auf der Informationstafel am Picknickplatz. Er ist mit gelben Markierungen versehen.

Der Weg führt abwärts in Richtung Vitrolles durch das "Vallat de la Combe d'Apt". Nach etwa 600 m halten wir uns rechts, um das Tal von Roumis emporzusteigen. Dieser Name weist auf die hier vorherrschende Vegetation hin: Sträucher und dorniges Buschwerk.

Wir gelangen auf eine Ebene, den "Plan des Agasses" (agasse - provenzalisch für Elster). Das Gebiet ist Ende des vergangenen Jahrhunderts mit österreichischen Schwarz-Kiefern aufgeforstet worden. Der nach links abknickende bequeme Weg führt uns an eine Stelle mit dem Namen "Boufaou", ein Weidegrund, über den ungehindert der Wind fegt, wie sein provenzalischer Name andeutet. Eine verfallene Schäferei weist darauf hin, daß die Weidewirtschaft in dieser Region seit geraumer Zeit im Rückgang begriffen ist.

Der Weg stößt auf eine breite Piste, die zur Brandbekämpfung angelegt wurde und der wir auf etwa 350 m in westliche Richtung folgen. Wir gelangen an einige große Schwarz-Kiefern, wo wir uns nach rechts dem Weg anvertrauen, der uns durch Flaumeichenbewuchs zurück zum Pass von Vitrolles führt. Der Picknickplatz befindet sich etwa 300 m weiter rechts der Asphaltstraße.

Dauer:
Zwei Schleifen von je 1.30 Stunden

Höhenmeter:
Insgesamt 430 m

Schwierigkeitsgrad:
★

Ausgangspunkt:
Am Picknickplatz ca. 300 m südlich vom Pass von Vitrolles am "Vallon des Agasses".

5 PIEGROS

Dieser Rundwanderweg entspricht der Wanderung Nr. 3 auf der Informationstafel am Picknickplatz. Er ist ebenfalls mit gelben Markierungen versehen.

Wir gehen den Pfad abwärts etwa 1 km in Richtung Vitrolles (vgl. vorige Seite). Dann verlassen wir den Forstweg nach links, um in nördliche Richtung bergan zu steigen. Wir überqueren die D 33 und bewegen uns weiter bergan, bis wir den Kammweg erreichen. Im Norden blicken wir über das Tal der Encrême und sehen die glänzenden Kuppeln der Sternwarte der Hochprovence. Wir setzen unseren Weg nach links auf der breiten Forstpiste fort. Unser Weg führt uns um den "Piégros" herum, von dem wir eine prächtige Aussicht auf Vitrolles und die Dörfer des "Pays d'Aigues" - Land des Wassers - genießen können, wieder an den Pass von Vitrolles.

Diejenigen, die mit dem Auto über Vitrolles fahren, werden am Ortseingang linker Hand das Schloß "Grand Pré" bemerken. Hier lebte im 18. Jahrhundert Jean d'Ailhaud, dem die Erfindung eines medizinischen Pulvers zu Reichtum und Berühmtheit verhalf.

HEILPFLANZEN IM LUBERON

Einer Schätzung des Ethnobotanikers Pierre Lieutaghi zufolge "... wurden in der Vergangenheit und werden z.T. noch heutzutage von den mehr als 1500 Pflanzenarten, die zwischen dem Tal des Jabron und dem Durancetal gedeihen, etwa 450 für medizinische Zwecke verwendet."

Heilpflanzen, die noch heute gesammelt werden und einen Platz in der Hausapotheke haben:

- **Alant** (inula montana L.) Er gehört zu der Familie der Korbblütler. Seine Blüten sind gelb. Er ist hauptsächlich oberhalb von 600 m anzutreffen. Man steigt im Juni in die Kammlagen empor, um ihn zu pflücken. Kurioserweise nennt man ihn hier bisweilen auch Arnica. Die Pflanze mit diesem Namen wächst allerdings nur im Hochgebirge. Beide Arten verfügen indes über die gleiche Heilwirkung und verschaffen, als Tinktur äußerlich aufgetragen, Linderung bei Prellungen und blauen Flecken.

- **Badasson** (provenzalisch; plantago cynops, p. sempervirens) Ein Wegerichgewächs, das als wirksames Wundheilmittel Anwendung findet. Es wirkt antiseptisch und fördert die Heilung und Vernarbung selbst hartnäckiger Wundinfektionen.

- **Johanniskraut** (hypericum perforatum) Die frischen Blüten werden bei Sommersonnenwende gesammelt und in Olivenöl eingelegt. Sie ergeben nach einiger Zeit ein rötliches Öl, Johannisöl genannt. Es lindert den Schmerz bei Verbrennungen und kommt auch als Wundheilmittel und bei Hauterkrankungen zur Anwendung.

- **Echter Gamander** (teucrium chamaedris) Ein Lippenblütler, der im gesamten Luberon verbreitet ist und dessen elliptische, gekerbte Blätter eine gewisse Ähnlichkeit mit Eichenblättern haben. Er wird im Frühjahr zur Entschlackung und als Stärkungsmittel verwendet.

Die Nordflanke des Großen Luberon

ITINERAIRE 6

Dieser Rundwanderweg zeichnet sich aus durch die Vielfalt des Baumbestandes sowie den Reichtum der Pflanzenwelt auf den Grasflächen der Kammlagen. Von den Gipfeln bieten sich phantastische Ausblicke, wobei man die Verschiedenartigkeit von Nord- und Südhang beobachten kann.

Dauer:
5 Stunden

Höhenmeter:
720 m

Schwierigkeitsgrad:
★★★★

Ausgangspunkt:
An der D 223, südlich der N 100 zwischen Apt und Céreste; 400 m westlich des Gehöfts "Les Piroublets" in den Feldweg einbiegen, der zum Luberon führt.

Oberhalb eines Feldes beginnt der Wald. Er gelangt nach einigen Windungen an eine Art Terrasse, die der Volksmund "Plaine des Porcs" - etwa: Ebene der Schweine - nennt, was wahrscheinlich auf die Zeit zurückgeht, als man die Schweine hier hinauftrieb, um sie mit Eicheln zu mästen.

Am Ende der Terrasse, wo der Pfad in den "Vallon de Chaix" eintritt, tauchen rechter Hand die ersten Buchen auf, die den Übergang zur montanen Stufe andeuten.

An der Stelle, wo es steiler bergan geht, finden wir links eine kreisrunde ebene Fläche: Dies ist der erste von sechs ehemaligen Kohlen-Meilern, die wir auf unserem Weg zum Gipfel antreffen werden.

In dem Moment, wo die Talsohle dem Blick entschwindet, werden die Buchen von einem Flaumeichenwald abgelöst, der von Wacholder durchsetzt ist. Er deutet auf die warmen Klimaeinflüsse des Südhangs hin. Wir überqueren ein mit Thymian und Lavendel bewachsenes Stück Heidelandschaft - der Lavendel wurde in der Nachkriegszeit noch geerntet - und stoßen auf den Kammweg.

Von nun an bewegen wir uns auf den folgenden Kilometern stets auf dem Kamm: Der Blick schweift vom "Pays d'Apt" - dem Land von Apt - in den Süden über das "Pays d'Aigues" - Land des Wassers, vom Mont Ventoux auf den Bergstock der Ste. Victoire, vom Durancetal auf die Montagne de Lure. Im Nordosten begrenzen die Alpengipfel den Horizont. Am "Gros Collet" hat der "Parc du Luberon" eine Schäferhütte errichtet, in der auch Wanderer Unterschlupf finden können. Vom "Rocher de l'Aigle" - Adlerfelsen - aus bietet sich eine prächtige Sicht auf den Südhang: Gelegenheit, dessen Vegetation mit der des Nordhangs zu vergleichen.

An der Höhe 1009 stoßen wir wieder auf den breiten Forstwirtschaftsweg, dem wir nun auf 800 m in nordöstliche Richtung folgen. Wir verlassen ihn nach links, um auf dem uralten Pfad, der einst Apt mit Vitrolles verband, durch eine Reihe von Einschnitten ("vallon") hinunter zum Weiler Glorivette zu steigen.

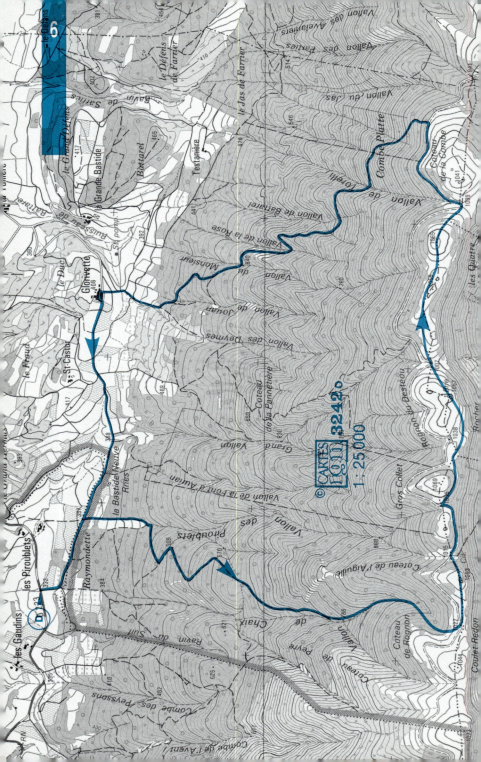

DIE WIRTSCHAFTLICHE NUTZUNG DES NIEDERWALDES

Früher wurden die Niederwaldbestände kahlgeschlagen. Da sowohl Flaum- und Steineichen ebenso wie die Buche die Eigenschaft haben, aus den Stümpfen neu zu treiben, bildeten sich bald Schößlinge, die nach 25 bis 30 Jahren für den nächsten Einschlag reif waren. Das Holzvorkommen des Niederwaldes, auf den wir bei unserer Wanderung treffen, ist auf diese Weise ausgebeutet worden. Die Nutzung neuer Energiequellen hat allerdings dazu geführt, daß der größte Teil des Niederwalds am Nordhang des Luberon seit den Nachkriegsjahren nicht mehr gefällt worden ist.

Auch der Buchsbaum wurde früher wirtschaftlich genutzt. Zusammen mit Stallmist lieferte er einen wertvollen Dünger, da er einen hohen Gehalt an Stickstoff aufweist.

DIE KOHLEREI

Die Herstellung von Holzkohle in war früheren Zeiten eine mühevolle Angelegenheit. Zunächst einmal mußte der Köhler eine ebene Fläche schaffen, auf der er den Meiler errichten konnte. Sodann wurden die Holzstücke aufgeschichtet, wobei in der Mitte ein Feuerschacht, der Quandel, aus gekreuzten Lagen von leicht brennbaren Holzscheiten errichtet wurde. Das Holzfällen sowie die Bearbeitung und das Lägen der Holzstücke wurde ausschließlich mit der Axt verrichtet. Oft wurde das Holz auf einer Art Schlitten zum Meiler gezogen. Die Erde, die beim Planieren der Fläche für den Meiler anfiel, wurde schließlich zum Abdecken desselben verwendet.

Nach diesem gewaltigen Arbeitsaufwand folgte der Schritt, der das größte Geschick erforderte: Der Meiler wurde entzündet, indem der Köhler einige Schaufeln voll Glut in den Schacht schüttete. Von nun an mußte der Meiler Tag und Nacht überwacht werden, manchmal bis zu zwei Wochen. Der Köhler beobachtete aufmerksam die Geräusche sowie die Farbe der Flammen, die aus dem Schacht schlugen. Um den Prozeß der Verbrennung zu beschleunigen oder zu verlangsamen, versah er den Mantel des Meilers mit Luftlöchern bzw. verschloß die Löcher wieder mit Grassoden oder Erde. Hatte die Holzkohle ihren gewünschten Zustand erreicht, wurde der Meiler abgedeckt. Auf dem Maultierrücken wurde sie schließlich hinunter ins Tal transportiert.

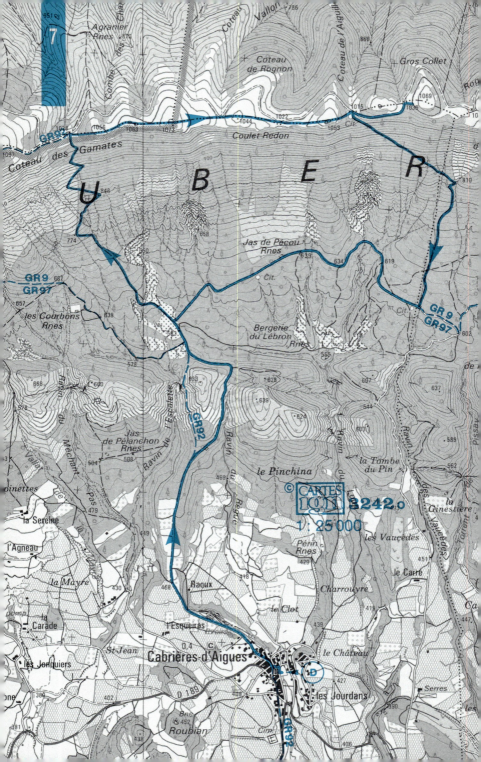

ITINERAIRE

7

Die Südflanke des Großen Luberon

Von Cabrières d'Aigues aus führt uns diese Wanderung über die Südhänge des Luberon hinauf zum Kamm. Mediterrane Vegetation bestimmt die warme, im Sommer sehr heiße Südflanke. Wir bewegen uns auf den Spuren der Schaf- und Ziegenherden, die seit Urzeiten dazu beigetragen haben, das Antlitz dieser Landschaft zu formen.

Dauer:
5 Stunden
Höhenmeter:
750 m
Schwierigkeitsgrad:
★★★★
Ausgangspunkt:
Platz des 8. Mai 1945 in Cabrières d'Aigues, vor der "Salle des Fêtes" (Festsaal).

Wir nehmen die Straße zwischen der "Bar de l'Ormeau" und der Bäckerei. Hinter dem Lebensmittelgeschäft wenden wir uns nach links, um dann nach rechts gehend den Forstwirtschaftsweg zu erreichen, der den Ort verläßt und auf den Luberon zuläuft. Der Weg führt uns durch ein Weinanbaugebiet, dessen Reben den "Côtes du Luberon" ergeben, einen Qualitätswein mit der Bezeichnung A.O.C., "Appelation d'Origine Contrôlée", in etwa dem deutschen Prädikat Q.b.A. entsprechend. Auch andere im Luberon seit langer Zeit beheimatete Kulturen sind hier vertreten: Kirschen, Trüffeleichen und Oliven werden angebaut.

Wir verlassen die landwirtschaftlich genutzten Flächen und gelangen in einen Kiefernwald (Aleppo-Kiefern), rechter Hand der "Ravin du Règue". Ein kleiner Pass führt uns über eine Hügelkette. Von hier aus haben wir einen prächtigen Blick auf einen von Aleppo-Kiefern bestandenen Kessel - geologisch gesehen ein Erosionstal - zu Füßen der steil ansteigenden, von Steineichen bewachsenen Hänge des Großen Luberon.

Wir lassen den Weg nach "Les Courbons" links liegen und verlassen den breiten Forstweg an der Stelle, wo dieser im rechten Winkel nach Osten in Richtung "Jas de Péccu" abknickt. Auf einem Pfad, der sich in mehreren engen Kehren den Hang hinaufwindet ("Coteau des Gamates"), erreichen wir den Kamm, wo wir uns rechts in östliche Richtung halten.

7

Der Weg führt uns über fünf Kuppen, bis wir in Höhe einer Zisterne die breite "Piste DFCI" erreichen. Von hier aus gelangt man in etwa 15 Minuten zur Hütte am "Gros Collet" (Schutzhütte, einfache Unterkunftsmöglichkeit, keine Bewirtung!).

An der o.g. Zisterne nehmen wir rechts einen Pfad. Er führt abwärts und erreicht rasch eine weitere "Piste DFCI", der wir nach rechts in westliche Richtung folgen. Wir passieren das "Jas de Pécou", eine Schäferei, die vom "Parc" restauriert wurde. Der Forstweg verläuft hier auf einer bewaldeten Feuerschneise, die zum größten Teil als Weidegrund angelegt wurde.

Die Rückkehr nach Cabrières erfolgt auf den Spuren des Hinwegs.

EROSIONSTAELER AM SUDHANG

Diese Täler, die dem Südhang des Luberon vorgelagert sind, verdanken ihre Entstehung Erosionsprozessen, in deren Verlauf das Kalkgestein des Faltensattels bis auf die Tonmergelschichten abgetragen wurde. Sie stellen die ältesten Gesteinsformationen auf dem Gebiet des Luberon dar. Hier treten eine Reihe von Quellen zutage, was die Anzahl von Gehöften und Schäfereien in dieser Gegend erklärt, z.B. "Les Courbons", "Jas de Pécou", "Jas de Nicolas" usw.

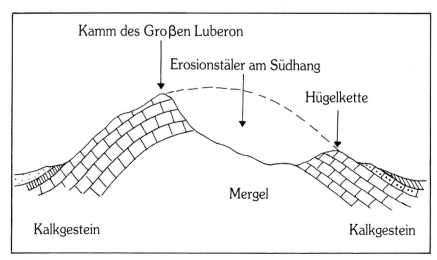

WEIDEWIRTSCHAFT AUF DEM KAMM DES LUBERON

Über die bewaldeten Hängen des Luberon erhebt sich der Kamm, der Nord- und Südhang voneinander trennt. Er besteht aus einer verhältnismäßig schmalen Grasfläche, die mehr oder minder von Buschwerk durchsetzt ist. Einige Stellen sind mit Nadelhölzern aufgeforstet worden.

Diese offene Landschaft, die sich durch großen biologischen Reichtum auszeichnet, ist durch das Zusammenwirken mehrerer Faktoren entstanden: Durch die Höhenlage, dann durch die Auswirkungen des Windes, nicht zuletzt aber durch die Nutzung als Weidegrund für die Schafe, die die Schäfer aus den Dörfern am Fuße des Massivs seit Urzeiten hier hinauftrieben.

Der Kamm des Luberon ist aber nicht nur für die Weidewirtschaft und wegen seiner biologischen Besonderheiten von Interesse. Er spielt in der Brandbekämpfung eine wichtige Rolle. Der unbewaldete Streifen auf dem Kamm soll der Feuerwehr als Stützpunkt für ihre Einsätze im Falle eines Feuers dienen.

Um die besondere Qualität der Vegetation in den Kammlagen zu bewahren, ist es erforderlich, daß weiterhin Weidewirtschaft betrieben wird. Wenn Schafherden nicht dafür sorgen würden, den Pflanzenwuchs kurz zu halten, würde die Landschaft schon bald von Buschwerk überwuchert werden und damit ihren Charkter grundlegend verändern.

Um dieser Gefahr zu begegnen, hat der "Parc" ein Projekt realisiert, das sich zunächst auf den Großen Luberon konzentriert. Auf einem Gebiet von etwa 200 ha wurden Ausholzungsarbeiten vorgenommen und das Buschwerk gelichtet. In diesem Bereich weiden Schafherden und sorgen dafür, daß die Vegetation kurz gehalten wird. Zur Erleichterung der Weidebedingungen hat der Park Zisternen sowie eine Schutzhütte am "Gros Collet" errichten lassen, die auch Wanderern zur Verfügung steht.

Der "Mourre Nègre"

ITINERAIRE 8

Auf dieser Wanderung erschließen sich uns zwei der schönsten Täler am Südhang des Luberon. Wir steigen zur höchsten Erhebung empor und lernen die idyllischen Orte Vaugines und Cucuron kennen.

Dauer:
6 Stunden
Höhenmeter:
800 m
Schwierigkeitsgrad:
★★★★★
Ausgangspunkt:
Am "Place de l'Etang", dem Wasserbecken in Cucuron.

Wir folgen der Haarnadelkurve am Nordende des Platzes und gelangen auf ein Plateau, wo wir die Schule und den Sportplatz passieren. An einer Weggabelung nehmen wir den Weg, der links bergan führt. Wir stoßen auf ein terrassiertes Obstanbaugebiet, wo uns ein Pfad nach links in Serpentinen zur "Chapelle de l'Ermitage" emporführt, einer kleinen Kirche, die auf einem Hügel über dem Tal thront. Wir folgen nun dem Weg, der auf dem Bergrücken nach Norden verläuft. Schaut man nach Westen, so erkennt man deutlich die Vegetationsanordnung: Im Tal sind die Flaum-Eichen vorherrschend, während die Kuppen von Stein-Eichen bewachsen sind.

Auf der Höhe 530 stößt der Weg auf eine breite Forststraße, der wir ca. 50 m nach links folgen, um dann nach rechts den Pfad in Richtung "La Tuilière" einzuschlagen. Am Gehöft führt uns ein Fahrweg bergan in den "Vallon de la Fayette". Zunächst bestimmen Eichen den Charakter der Vegetation, oberhalb von 800 m treffen wir auf die ersten Buchen.

Auf dem Kamm stößt der Weg auf die breite "Piste DFCI". Zum Gipfel des "Mourre Nègre" (1125 m) - er erscheint rechts zum Greifen nahe - sind es nurmehr etwa 15 Minuten. Bei guter Sicht genießt man von hier oben ein beeindruckendes Panorama: Der Blick reicht von den südlichen Ausläufern der Alpen zum Zentralmassiv, vom Vercors bis hinunter ans Mittelmeer.

Nach dem Verweilen auf dem Gipfel folgen wir dem Kammweg nach Westen. Am Pass von Auribeau (Zisterne 28) ignorieren wir die beiden abwärts führenden Wege und wandern etwa 2 km weiter in westliche Richtung auf dem Kammweg. Nach einem Kiefernwäldchen, bei der Höhe 929, verlassen wir die breite Piste nach links, um in Richtung der Bergkuppe "La Citerne" bergan zu gehen. Kurz vor Erreichen des Gipfels halten wir uns rechts und stoßen auf den Beginn des Feldweges, der uns nun, durch üppigen Mischbestand von Flaum- und Stein-Eichen, den "Vallon de Vaunière" bis nach Vaugines hinunterführt.

Cucuron erreichen wir, indem wir Vaugines durchqueren und der D 56 folgen (ca. 2 km).

DER BUCHENWALD

Der "Vallon de la Fayette" verdankt seinen Namen den Buchen, die an seinen Hängen wachsen (französisch "fayard", lat. "fagus"). Es handelt sich dabei um den einzigen Buchenwald am Südhang des Luberon. Er stammt aus einer Zeit, als es hier noch kälter war und die Vegetationsgrenze für Buchen noch südlicher lag. Das im Vergleich zum Buchenbestand des Nordhangs wärmere und trockenere Umfeld hat ein erstaunliches Phänomen zur Folge: Im Schutze der dichten Bewaldung finden sich eine Reihe von Pflanzen, die der typischen Mittelmeervegetation angehören.

Der Kamm des Großen Luberon

DIE OEKOLOGISCHE BEDEUTUNG DER KAMMLAGEN DES LUBERON

Dank der jahrhundertelangen Weidewirtschft (Schafe) auf dem Kamm des Luberon haben sich dort weite Grasflächen erhalten können, auf denen sich eine Vielzahl von Futterpflanzen hat entwickeln können, die den Charakter der Vegetation bestimmen.

Am verbreitetsten sind Wundkleearten, Esparsette, Kronwicke, Feldklee und die verschiedenartigsten Gräser: Die Aufrechte Trespe aus der Gattung der Süßgräser. Schafschwingel und sein Verwandter, der auch als Zierpflanze verwendete Blauschwingel.

Neben diesen weitverbreiteten Arten finden wir auch etwa fünfzig seltenere Pflanzenarten, darunter den Grasblättrigen Hahnenfuß, den Wegerich plantago argentea, den gelbblühenden Knoblauch allium flavum, die Tulpenart tulipa australis, die Schartenart serratula nudicaulis, den Meerträubel sowie die Schafgarbe achillea odorata und das Stattliche Knabenkraut.

Auf den steinigen Grasflächen finden sich einige angepaßte Arten wie der Villars-Ginster, ein Zwergginster, und die Felsen-Schleifenblume, beide von kurzem Wuchs, aber mit kräftigen Wurzeln versehen, um sich gegen den Sturm zu behaupten.

Die reiche Flora bietet pflanzenfressenden Insekten sowohl Heimat als auch Nahrung im überfluß. Man hat über 265 Arten gezählt, von den Heuschrecken bis hin zu prächtigen Schmetterlingen wie dem Schwalbenschwanz oder dem Apollofalter.

Unter den Vögeln, die auf dem Kamm beheimatet sind, fallen vor allem die Feldlerche, die Heidelerche und der Brach-Pieper ins Auge. Aus des Familie der Ammern findet man den Ortolan sowie die Zipp-Ammer. Amsel und Nachtigall sind ebenso weit verbreitet wie verschiedene Grasmückenarten (Dorn-, Weißbart-, Orpheus-, Provence-Grasmücke). Man trifft auch auf das Rothuhn, eine Flugwildart, deren Bestand allerdings abnimmt.

Mit viel Glück bietet sich vielleicht die seltene Gelegenheit, einen der großen Greifvögel - den Schlangenadler Jean le Blanc oder den Schmutzgeier - im Gleitflug zu bewundern.

ITINERAIRE
9

Das Tal des Aiguebrun

Der Rundwanderweg erkundet den Oberlauf des Aiguebrun. Reizvoller Kontrast zwischen der trockenen Hochebene der "Claparèdes", den Felsformationen und dem üppigen Grün des schattigen Tales.

Dauer:
5 Stunden
Höhenmeter:
390 m
Schwierigkeitsgrad:
★★★
Ausgangspunkt:
Buoux liegt südlich von Apt an der D 113.

Wir starten vom Parkplatz hinter der Ferienkolonie von Marseille jenseits der Brücke über den Aiguebrun und folgen der Asphaltstraße. Linker Hand imposante Felswände, wohin sich in früheren Zeiten Einsiedler zurückzogen. Heutzutage geben sich hier Kletterer aus aller Herren Länder ein Stelldichein. Rechter Hand, hoch oben auf der Felsnase, die sich ins Tal schiebt, gewahrt man die Reste der Befestigungsanlagen des Fort von Buoux, dessen Besuch allein einen halben Tag wert ist.

Wir folgen dem Wegweiser "Auberge des Seguins" (Unterkunft, Restaurant, Getränke), die wir allerdings links liegen lassen, um den bergan führenden Feldweg zu nehmen. In der ersten Wegbiegung halten wir uns links. Der Pfad, der stellenweise noch gepflastert ist, führt zum alten Gehöft Chantebelle empor. Es handelt sich um ein prächtiges Beispiel traditioneller bäuerlicher Architektur: Die Gebäude, zum Schutze gegen den Mistral an eine Felswand geschmiegt, fügen sich unaufdringlich in die Landschaft. Über einen Feldweg erreichen wir Sivergues, ein verträumtes Dorf am bewaldeten Nordhang des Luberon.

Wir durchqueren den Ort. Am Ortsausgang, wo die Asphaltstraße endet, nehmen wir den Feldweg in nordwestliche Richtung. In der Kurve hinter dem Friedhof biegen wir nach rechts in den Pfad ein, der ins Tal hinunterführt. Wir gehen flußaufwärts, bis wir oberhalb eines verrosteten Steges den Aiguebrun in einer Furt durchqueren. Der Weg steigt nun in Richtung Salen an. Unterhalb des Gehöfts wenden wir uns nach links und folgen einem schmalen Weg, der uns über Terrassen am Rand des Plateaus entlangführt. Der Weg windet sich nun am Rand des Plateaus "Ramades", bisweilen hart an der Kante der Felswände entlang. Dabei eröffnen sich berauschende Blicke auf den Luberon und das Tal des Aiguebrun. Der Weg wendet sich nach Norden und wir erreichen Buoux.

DAS SCHLOß VON BUOUX

Das herrschaftliche Schloß befindet sich abseits der Ortschaft an der Straße, die einst Apt mit dem Tal der Durance verband. Seine Ursprünge gehen ins Mittelalter zurück. Im 17. Jahrhundert indes wurden erhebliche bauliche Veränderungen vorgenommen, die bis heute die Architektur des Komplexes prägen. Bei dem Flügel aus dem 18. Jahrhundert handelt es sich keineswegs um eine Ruine: Dieser Teil des Gebäudes ist nie vollendet worden, da die Erweiterungsarbeiten damals von der Revolution unterbrochen und nicht mehr fortgesetzt wurden. Das Schloß wurde samt den umliegenden Ländereien und Wäldern im Jahre 1986 vom "Parc" erworben. Es dient nun als Tagungs- und Begegnungsstätte für Gruppen und Schulklassen mit dem Ziel, Umweltbewußtsein zu entwickeln und den Sinn für die Geschichte und das Heimaterbe zu schärfen.

Der Aiguebrun ist der einzige Wasserlauf im Luberon, der nie versiegt. Er hat sich tief in das Massiv eingeschnitten, und die Feuchtigkeit in der Talsohle läßt die Vegetation üppig wuchern. Die Flora dort präsentiert sich dementsprechend vielfältig. Es gedeihen insbesondere Pflanzen, die man sonst nur in gemäßigten und kühleren Breiten vorfindet, zum Beispiel Hirschzunge, Aronstab und Stechpalme am Fuße der Felswände. Die unzähligen kleinen Wiesen, die sich am Bach entlangziehen, sind im Frühling mit Narzissen, Schlüsselblumen und Immergrün bedeckt. Die Eichen in Ufernähe erreichen mancherorts eine beachtliche Größe. Auch Schwarzpappeln, Eschen, Feldahorn, Weiden, Linden usw. gedeihen prächtig in dieser feucht-kühlen Umgebung.

Wir folgen der kleinen Straße, die neben der "Mairie" (Bürgermeisteramt) bergan aus dem Ort hinausführt. Sie endet vor dem Friedhof, wo sich die Kapelle "Sainte-Marie", ein gut erhaltenes Zeugnis romanischer Baukunst (Dach aus Steinplatten) aus dem 11. Jahrhundert, befindet. Am Südzipfel des Friedhofs verschwindet ein Weg im Wald. Er führt uns hinunter zum Schloß von Buoux.

Am Schloß (Keine Besichtigungsmöglichkeit) vorbei gelangen wir auf dem Zufahrtsweg an eine asphaltierte Straße, der wir nach links talwärts folgen, stets im Schatten gewaltiger Eichen. Wir stoßen in einer engen Kurve auf die D 113, in die wir nach rechts einbiegen, um sie bereits nach etwa 100 Metern wieder nach links zu verlassen. Ein Fahrweg führt uns unterhalb des Priorats St. Symphorien (ausgehendes 11. und 12. Jahrhundert, keine Besichtigungsmöglichkeit) entlang, dessen schlanker Turm sich aus dem Tal des Aiguebrun erhebt.

In Höhe eines hölzernen Tores halten wir uns links. Ein Pfad führt uns hinunter an den Auron, den wir ebenso überqueren wie unmittelbar danach rechts den Aiguebrun. Der Weg verläuft nun südlich der Ferienkolonie von "Air-France" und folgt dem Aiguebrun flußaufwärts. Über einige Wiesen gelangen wir an den Ausgangspunkt unserer Wanderung zurück.

BUOUX UND DIE VORGESCHICHTE

Die Gegend um Buoux herum ist seit dem mittleren Paläolithikum, d.h. seit etwa 50 000 Jahren besiedelt. Neanderthaler bewohnten die Höhlen am Fuße der Felsen und lebten von dem, was der Aiguebrun hergab. Zu jener Zeit, deren klimatische Bedingungen von der Eiszeit geprägt waren, wuchs im Tal ein Mischwald, in dem es Hirsche, Wölfe, Bären und Schildkröten gab. Auf den grasbewachsenen Hochebenen hingegen lebten Pferde, Steinböcke, Rinder usw.

Die Jäger und Sammler verstanden es bereits, Steine zu bearbeiten. Sie beherrschten auch das Feuer. Allmählich verdrängte sie der "homo sapiens sapiens", unser direkter Vorfahre (vor etwa 35 000 Jahren). Erst sehr viel später verließen die Menschen das Tal des Aiguebrun - an die Stelle der Jäger traten Hirten und Ackerbauern.

Dieser Zeitabschnitt, die Jungsteinzeit, beginnt in Buoux vor etwa 6 000 Jahren. Die Menschen wenden sich dem Handwerk zu. Ihre Werkstätten sind die ehemaligen Unterkünfte aus dem Paläolithikum. Aber allmählich errichten sie Dörfer auf der Ebene der Claparèdes. Sie leben in Hütten aus Holz und Stein, von denen manche wahrscheinlich auch mit Tierhäuten bespannt waren.

Felder bei Buoux, dahinter der Luberon

ITINERAIRE

10

An der "Combe de Lourmarin"

Dieser Rundwanderweg führt uns zu einer Reihe von Unterkünften und Wohnstätten, die z.T. aus der Vorgeschichte stammen. Wir durchwandern das im Herzen des Luberon gelegene wunderschöne Tal des Aiguebrun.

Dauer:
9 Stunden
(auch auf
zwei Tage zu
verteilen)

**Höhen-
meter:**
900 m

**Schwierig-
keitsgrad:**
★★★★★

**Ausgangs-
punkt:**
Lourmarin,
an der D 943
südlich von
Apt,
Parkplatz am
Sportplatz.

Wir folgen der D 943 in Richtung Apt bis zur Herberge "Four à Chaux". Dort biegen wir rechts in einen asphaltierten Weg ein, den wir nach etwa 500 m nach rechts verlassen. Wir gelangen an das Gehöft "Les Cavaliers". Diese prächtige "Bastide" war in früheren Zeiten eine Herberge, wo die Reisenden mit ihren Reittieren noch einmal einkehrten, bevor sie sich an die Überquerung des Luberon machten.

Wir steigen die "Combe des Cavaliers" bergan und stoßen bei einer Zisterne auf die breite "Piste DFCI", die wir überqueren, um auf der Fortsetzung des Pfades die Kammlinie zu erreichen.

Der Abstieg führt uns geradewegs zu den Überresten des Gehöftes "Serre", wobei wir ein Gebiet von ehemals bewirtschafteten Terrassen durchqueren. Die große Pappel, provenzalisch "piboule", die wir beim Verlassen des Gehöftes sehen, diente einst als Orientierungspunkt: Sie signalisierte schon von weitem das Vorhandensein einer Quelle.

Nun führt ein bequemer Weg auf der Talsohle des "Vallon de Serre" bergab, unterhalb des Fort von Buoux entlang zur asphaltierten Straße im Tal des Aiguebrun. Ihr folgen wir nach links in westliche Richtung, bis wir an die Brücke über den Fluß gelangen. Wenige Meter davor biegen wir nach links in einen Pfad ein, der uns am Aiguebrun entlang führt, bis wir das Flüßchen auf einem Steg überqueren und auf den Turm der Kapelle von St. Symphorien (ausgehendes 11. und 12. Jahrhundert) zuhalten. Wir lassen St. Symphorien rechts liegen und bewegen uns weiter auf dem Weg, der rechts des Aiguebrun durch die Felder verläuft. Die Häuser, die hier errichtet wurden, sind früher größtenteils Wassermühlen gewesen.

An dem Weiler La Tour vorbei gelangen wir an eine Brücke über den Aiguebrun, deren ungewöhnliche Architektur Aufmerksamkeit erregt. Man muß zum Bachbett hinuntersteigen, um den im Form einer Muschel gestalteten rechten Teil der Brücke bestaunen zu können. Über den Ursprung des Motivs gibt es widersprüchliche Meinungen.

Wenige Meter vor der D 943 biegen wir nach rechts in einen Pfad ein, durchqueren den Aiguebrun in einer Furt und folgen dem Bachbett aufwärts, das hier in den Aiguebrun mündet. Über uns die Brücke mit der D 943. Wenig später verlassen wir das Bachbett nach links, um auf einem bisweilen steilen Pfad zu den schroffen Felsformationen emporzusteigen, die den Rand des Plateaus von "Saint-Pons" bilden.

Das Priorat von St. Symphorien

"LOU CAMIN SALIE"
DIE SALZSTRASSE

"Lou camin salié" nannte man im Provenzalischen die Wege, auf denen Kaufleute das Salz vom Étang de Berre am Mittelmeer auf dem Rücken ihrer Maultiere ins Landesinnere transportierten. Der Handel mit diesem von den Menschen außerordentlich begehrten und entsprechend kostbaren Lebensmittel unterlag strengen Bestimmungen.

Um nicht in die Hände von Wegelagerern und Straßenräubern zu fallen, mieden die Kaufleute die verhältnismäßig leicht zugänglichen Passagen wie die "Combe de Lourmarin", da an jenen Stellen die größten Gefahren lauerten. Die durch den Luberon führenden Wege verliefen sozusagen parallel dazu, boten jedoch mehr Sicherheit. So führte einer jener Pfade von Lourmarin die "Combe des Cavaliers" empor, um dann via Serre am Fort von Buoux entlang an den Aiguebrun zu stoßen. Flußaufwärts gelangte man an den anderen Salzweg, der von Vaugines aus den Luberon überquerte. Auf dem Weg nach Apt passierte man "Salen" und "Rocsalière", in deren Namen die Silbe "sal" noch heute auf das Salz hinweist.

10

Der Weg führt an den Ruinen des einstigen Gehöftes von "Gest" vorüber und durchquert das Tal. Ein sehr steiler Pfad, der auf halber Strecke einen Forstweg überquert, führt uns schließlich zum "Cap de Serre" empor, eine der höchsten Erhebungen im Umkreis. Dieser Gipfel, an dem sich die Gemeinden Lourmarin, Bonnieux, Puyvert und Lauris berühren, diente seit ewigen Zeiten als Beobachtungspunkt.

Der Abstieg nach Lourmarin erfolgt über den GR 97, wobei wir an den überresten des "Castel Sarrazin", einem alten Oppidum, vorüberkommen, von dem aus einst der Zugang zur "Combe de Lourmarin" kontrolliert wurde.

DIE VERTEIDIGUNGSANLAGEN DES "VALLE SPECULUM"

Die "Combe de Lourmarin" wurde in der Antike "Valle Speculum" genannt (wie man einigen Schriftstücken entnehmen kann, die vom Beginn des 14. Jahrhunderts stammen), was wörtlich übersetzt in etwa "Tal der Beobachtung" heißt. Diese Bezeichnung geht wahrscheinlich zurück auf die außerordentliche Dichte der Verteidigungsanlagen in diesem Tal. Dies wiederum verweist auf die Bedeutung, die die Menschen diesem Verkehrsweg beimaßen, auf dem sich der Luberon relativ leicht durchqueren ließ. Es handelte sich unbestritten um den wichtigsten Verbindungsweg im gesamten Massiv, über den sowohl der Handel als auch die Truppenbewegungen vom Mittelmeer ins Hinterland erfolgten.

Nicht weniger als etwa zwanzig Befestigungsanlagen, Oppida, Forts und Wachtürme säumten seinerzeit den Lauf des Aiguebrun. Dreh- und Angelpunkt dieses Systems war das Fort de Buoux. Auf der strategisch ungewöhnlich günstig gelegenen Anlage lebten eine Garnison sowie Zivilbevölkerung, bis der Komplex im 17. Jahrhundert im Zuge der Religionskriege zerstört wurde.

Zahlreiche weitere Anlagen wurden im Laufe der Zeit entlang den Verkehrswegen errichtet, die die Ebene der Claparèdes durchzogen. Die Dörfer Bonnieux, Rocsalière, Saignon, Sivergues und Auribeau wurden an den Plätzen solcher Befestigungsanlagen gegründet.

DIE "COMBE DE LOURMARIN" IN DER MYTHOLOGIE

Der Legende nach verdankt die "Combe de Lourmarin" ihr Entstehen den Zuckungen des schrecklichen Drachen ("lou couloubre"), den der Heilige Bischof Véran von Cavaillon einst in der Sorgue bei Fontaine de Vaucluse gefangen nahm. Das furchterregende Ungeheuer hatte sich Mensch und Tier gegenüber unzähliger Missetaten schuldig gemacht.

Véran ließ den Drachen im Luberon frei. Dort ging das Ungeheuer in den Bergen nieder. Da es schwer verletzt war, wand es sich vor Schmerzen wie eine Schlange. Mit jeder Zuckung grub es sich tiefer in den Luberon und schuf so die "Combe de Lourmarin", bevor es sich ein letztes Mal in die Lüfte erhob. Es landete schließlich fernab in den Alpen, wo es in einem kleinem Dorf im Queyras starb, das seither den Namen Saint-Véran trägt.

ITINERAIRE

11

Von Lauris über den Kleinen Luberon nach Bonnieux

Die Wanderung bietet eine prächtige Aussicht auf die landwirtschaftlichen Nutzflächen der Durance-Ebene und des Calavon-Tals sowie auf das hoch über dem Tal thronende Bonnieux.

Dauer:
4 Stunden
Höhenmeter:
350 m
Schwierigkeitsgrad:
★★
Ausgangspunkt:
In der Nähe des "Gîte d'Etape" Recaute, zu Beginn des "Vallon de Valbigonce".

Der Weg folgt zunächst dem "Vallon de Valbigonce" in nördliche Richtung. Er wurde im Zuge der Arbeiten für den Tunnel, durch den das Wasser der Durance zur Bewässerung der Felder in das Tal des Calavon gepumpt wird, hergerichtet.

In Höhe einer prächtig restaurierten "Bastide" biegen wir nach links in die "Combe de Sautadou" ein. Im Verlaufe der Wanderung lassen wir den Weg, der zum Beginn des Tunnels führt, rechts liegen und bewegen uns weiter in der "Combe" bergan. In einigen Kurven überwinden wir eine Felsformation, die den Weg versperrt und der die "Combe" ihren Namen "Sautadou" verdankt.

Etwa einen Kilometer weiter führt der Weg aus der "Combe" hinaus. Wir passieren das alte Gehöft "Pantayon" und erreichen den Philippsturm. Dies seltsam anmutende Bauwerk wurde im 19. Jahrhundert errichtet. Wenige Meter weiter stoßen wir oberhalb des "Jas des Fourants" (Gîte d'Etape) auf die Asphaltstraße, die zum Zedernwald hinaufführt.

Etwa zwanzig Meter unterhalb des "Gîte" beginnt der Pfad, auf dem wir den steineichenbewachsenen Nordhang des Luberon nach Bonnieux hinunterwandern. Er stößt auf den alten, von Trockensteinmauern gesäumten Weg nach Bonnieux. Wir durchqueren ein Gebiet, auf dem sich eine Reihe von Bories befinden (Privatbesitz!), bevor wir in Höhe der Winzergenossenschaft (Cave Coopérative) Bonnieux erreichen.

Bonnieux

DAS BEWAESSE-RUNGSYSTEM IN TAL DES CALAVON

Seit 1987 sind die Gemeinden Bonnieux und Lauris durch einen 2 800 m langen Tunnel miteinander verbunden. Das Bauwerk wurde jedoch nicht für eilige Wanderer errichtet, damit diese schneller an ihr Ziel gelangen! Es dient der Bewässerung der Felder im Tal des Calavon und darüber hinaus. Dem aufmerksamen Betrachter werden sicher nicht die orangefarbenen Anschlußstellen am Rande der Felder entgangen sein. Das Wasser wird bei Lauris aus dem "Canal EDF" gepumpt, der wiederum von der Durance und teilweise vom Verdon gespeist wird.

Die Verwirklichung eines solchen Projektes wurde von den Landwirten im Tal des Calavon schon seit mehr als hundert Jahren gefordert. Sie hatten im Gegensatz zu ihren Kollegen im Tal der Durance nicht die Möglichkeit, durch künstliche Bewässerung dem trockenen Mittelmeerklima zu begegnen und die Palette ihrer Erzeugnisse zu verbreiten (Bereits seit 1870 gab es einen Kanal südlich des Luberon, der von der Durance gespeist wurde). Es bleibt allerdings die Frage, ob diese Bewässerungsmaßnahmen und die Entwicklung des Weinbaus (Appelation d'Origine Contrôlée des Coteaux du Luberon) ausreichend sind, um eine leistungsfähige Landwirtschaft in diesem Gebiet zu aufrechtzuerhalten.

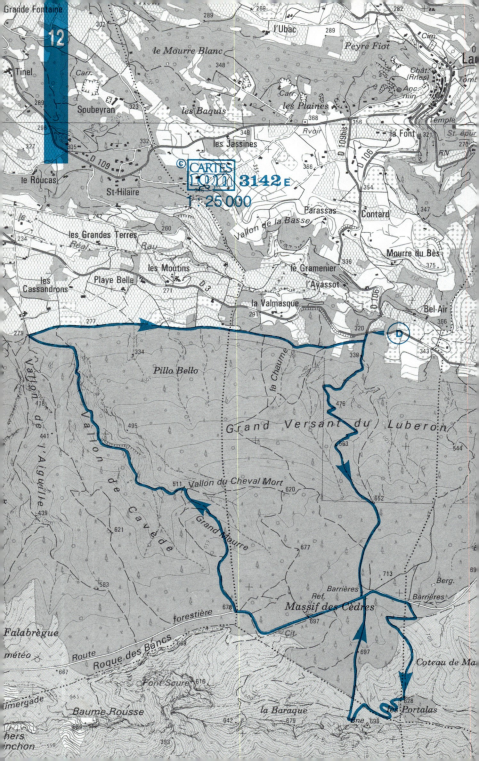

ITINERAIRE

12

Der Zedernwald

Dieser abwechslungsreiche Rundwanderweg führt zum größten Teil durch bewaldetes Gebiet: Am Nordhang durch Eichen-, auf dem Kamm durch den Zedernwald. Vom Kamm bietet sich ein eindrucksvolles Panorama. Man überblickt den Südhang und das Tal der Durance bis hin zum Mittelmeer.

Dauer:
4 Stunden

Höhenmeter:
500 m

Schwierigkeitsgrad:
★★★

Ausgangspunkt:
Südlich von Lacoste, an der Kreuzung von D 3 und D 106, auf dem Parkplatz von "La Valmasque".

Wir folgen dem Weg, der am hinteren Ende des Parkplatzes geradeaus auf den Luberon zuläuft. Nach etwa 200 m gelangen wir an eine Weggabelung, wo wir uns rechts halten. Der Weg führt bergan durch dichten Flaumeichenbestand. Bis auf etwa 500 m Höhe weisen einige Aleppo-Kiefern und Kermes-Eichen auf den Einfluß des Mittelmeerklimas hin. In den höheren Lagen treffen wir auf einige Vertreter der Gebirgsflora: Sauerdorn, Walderdbeere, Wiesenschlüsselblume oder die Bergflockenblume (centaurea montana) mit ihren prächtigen blauen Blüten.

Auf halber Höhe fallen zwei gut erhaltene, mit Stützmauern versehene Kohlenmeiler ins Auge. An der Höhe 652, an einer von Unterholz und Buschwerk befreiten Schneise, betreten wir den Gemeindewald von Lacoste (forêt communale). An dieser Stelle, dem "Pré de Roustan", erreichen wir das Plateau des Kammlagen des Kleinen Luberon. Wie der Name es andeutet - "pré" heißt Weide - war dies Gebiet zu früheren Zeiten Weideland. Heute ist es bewaldet, was auf den Niedergang der Weidewirtschaft hinweist.

Wir nähern uns nun dem Zedernwald und folgen dem Hauptweg, bis wir die Asphaltstraße erreicht haben. Sie ist aus Gründen des Brandschutzes für den motorisierten Verkehr gesperrt. Wir folgen ihr auf etwa 200 m nach links, bis wir an die Informationstafel unter den hohen Zedern gelangen.

12

Hier beginnt der Waldlehrpfad (gelbe Markierung), dem wir nun in seiner gesamten Länge folgen.

Längs des Pfades, der vom "Parc" geschaffen wurde, befinden sich zehn Informationstafeln. Außerdem kann man im "Maison du Parc" in Apt eine Broschüre erwerben, die weitere Informationen enthält.

Am Punkt 9, dem Aussichtspunkt von "Portalas", eröffnet sich ein beeindruckender Blick über die Südflanke des Luberon, das Durancetal, die Alpilles und die Sainte-Victoire. An klaren Tagen sieht man am Horizont sogar das Mittelmeer.

Wir stoßen wieder auf die Asphaltstraße, der wir etwa einen Kilometer nach links folgen. Sobald wir den Wald von Ménerbes erreichen (Schild), nehmen wir den Pfad, der nach rechts im Zedernwald verschwindet. An der ersten Weggabelung halten wir uns rechts und beginnen den Abstieg. Im Gegensatz zum Aufstieg durchqueren wir hier im "Vallon de Calvède" einen Steineichenwald. Diese Baumart weist auf vergleichsweise trockene Bodenverhältnisse hin, denn der westliche Teil des Nordhangs ist eher dem Mistral ausgesetzt, welcher das Rhônetal hinunterfegt und den Boden austrocknet.

Wir gelangen schließlich an einen Feldweg oberhalb des Gehöfts "Les Cassandrons", auf dem wir nach rechts gehend in etwa dreißig Minuten wieder unseren Ausgangspunkt erreichen.

DAS SCHLOß VON LACOSTE

Während des Aufstiegs öffnet sich allmählich der Blick auf die Dörfer, die am Fuße des Nordhangs auf den Molasseformationen thronen. Man erkennt deutlich die Schloßruinen von Lacoste, über denen immer noch der Geist des einstigen Schloßherrn zu liegen scheint:

Kein Geringerer als der berühmt-berüchtigte Marquis de Sade hatte sich hierher zurückgezogen, um der Verfolgung zu entgehen, die seine Ausschweifungen in Paris und die Veröffentlichungen der Schriften, die später weltberühmt werden sollten, nach sich gezogen hatten.

Jenseits des Calavontales erhebt sich das dunkle Massiv der Monts du Vaucluse, am Horizont überragt von der hellen Silhouette des Mont Ventoux.

DIE ZEDER

Die Zeder stammt aus den Hochgebirgen des Atlas in Nordafrika. Sie wurde zunächst in Frankreich nur als Ziergewächs in Parks und Gärten gepflanzt. Erst gegen Ende des vergangenen Jahrhunderts nutzten sie die Forstbehörden für die Wiederaufforstung, und zwar vor allem in den Kalksteinmassiven der Provence (Luberon, Ventoux). Während sie auf der mediterranen Vegetationsstufe eher kümmerlich gedeiht, kann sie sich auf der kollinen und der montanen Stufe voll entfalten.

Im Zedernwald

Die ersten Zedern wurden im Kleinen Luberon um 1860 auf wenigen Hektar aus Samen gezogen. In der Folge bewies sie ihre außerordentliche Eigenschaft zur Verbreitung: Der Zedernwald hat sich auf natürliche Weise bis zu seiner heutigen Größe von etwa 250 ha ausgedehnt, allerdings auf Kosten der Grasflächen und des Eichen-Niederwaldes.

Forstwirtschaftlich gesehen handelt es sich hier um einen Wald, in dem Bäume aller Altersstufen nebeneinander existieren, was nur möglich ist bei Arten, die auch Schatten vertragen. Dazu gehört die Zeder, die auch im Unterwuchs gedeiht. Andere Pflanzen und Blumen hingegen entwickeln sich kaum im Unterwuchs des Zedernwaldes. Einzig der Buchsbaum fühlt sich in den gedämpften Lichtverhältnissen wohl, die unter den Baumkronen der großen Zedern herrschen. Die relative Kühle des Forstes bewirkt jedoch, daß man eine Reihe von Pilzen findet, die in der Provence selten und in der Regel in kühleren Breiten anzutreffen sind; darunter manche, die es ansonsten nur in den Gebirgen Nordafrikas gibt.

Zahlreiche Vogelarten, von den Sperlingsvögel (Zaunkönig, Rotkehlchen, Meise, Goldnähnchen) bis zu den Greifvögeln (Hühnerhabicht), sind im Zedernwald beheimatet.

Die Zeder liefert ein Holz, dessen mechanische Eigenschaften ebenso wie seine Farbe, seine Festigkeit und seine Undurchlässigkeit sowohl von Bau- als auch von Möbeltischlern geschätzt werden.

Seit 1982 ist der Zedernwald des Luberon als offiziell anerkannter Bestand Lieferant von qualitativ hochwertigen Samen, die in der Aufforstung Verwendung finden.

ITINERAIRE

13

Von Mérindol nach Ménerbes

Bei der überquerung des Kleinen Luberon kann man den Unterschied zwischen dem mediterranen Südhang und dem kühleren, bewaldeten Nordhang sowie die Weideflächen auf den Kammlagen beobachten.

Dauer:
5 1/2 Stunden

Höhenmeter:
560 m

Schwierigkeitsgrad:
★ ★ ★ ★

Ausgangspunkt:
Mérindol, Parkplatz an der "Salle des Fêtes".

Vom Parkplatz gehen wir in Richtung "Vieux Mérindol". An den letzten Mauerstücken des auf dem Felsen thronenden Schlosses vorüber - Gedenktafel zur Erinnerung an das Schicksal der Waldenser - passieren wir nach dem letzten Haus einen Schlagbaum und bewegen uns fortan auf einem Forstweg. Er wurde nach dem großen Brand von 1980 angelegt, der mehr als 300 ha Kiefern- und Niederwald verwüstete. Tragischerweise gab es auch Menschenleben zu beklagen: Bewohner der im Wald verstreut liegenden Häuser kamen in den Flammen ums Leben.

Der Weg steigt an zum Plateau von Peyre-Plate: Es riecht nach Rosmarin und Thymian, die Zistrosen blühen. Man hat einen prächtigen Blick über das Tal. Der Weg verläuft nun an Weinfeldern vorbei und gelangt schließlich an das Forsthaus "Font de l'Orme", das wie eine grüne Oase in der Landschaft liegt. Das dort angelegte "Arborétum" (eine Art Baumschule) kann besichtigt werden. Man wende sich an den Forstbeamten.

Wir folgen nun dem Pfad, der in nördliche Richtung in die "Combe de l'Yeuse" führt. (yeuse - Stein-Eiche). Wir passieren die eindrucksvollen Felsformationen "Les Cuirasses". In diesem Bereich sollte man den Pfad auf keinen Fall verlassen, um nicht die Greifvögel zu stören, die hier zwischen März und Ende August mit dem Nestbau und der Aufzucht ihrer Jungen beschäftigt sind.

Bonelli-Adler

DIE GREIFVÖGEL IM LUBERON

Obwohl einige Greifvögel wie der Rötelfalke, der Steinadler und der Gänsegeier hier seit längerer Zeit nicht mehr gesichtet worden sind, zählt der Luberon zu den Gegenden Frankreichs mit dem reichsten Greifvogelvorkommen: Etwa ein Dutzend Tag- und sechs Nachtvogelarten finden hier ihre Nistplätze.

Eine Reihe von Arten gelten als "weit verbreitet". Andere wiederum sind vom Aussterben bedroht, besonders Angehörige der größeren Arten wie der Bonelli-Adler und der Schmutzgeier. Diese beiden Arten erfahren besondere Fürsorge: Jahr für Jahr organisiert der "Parc" einen Wachdienst, der die Vögel während ihrer Nist- und Brutzeit nicht aus den Augen läßt. Man sorgt auch dafür, daß sie stets etwas zu fressen zu finden. So werden entweder lebendige Beutetiere ausgesetzt oder es wird Aas abgelegt. Auf diese Weise hofft man, das überleben der im nationalen Maßstab bedrohten Tiere zu sichern, die auch eine wichtige Funktion für das natürliche Gleichgewicht in dieser Region haben. Gleichzeitig erhält man so uns und allen zukünftigen Generationen die Möglichkeit, auf den Wanderungen in den Genuß zu kommen, diese wunderbaren Tieren in ihrem unvergleichlichen Flug beobachten zu können.

Wir erreichen den Kamm am "Croix de Fer" - Eisernes Kreuz - und überqueren die mit Buchsbaum, Zedern und einigen Steineichen bestandenen Grasflächen. An der asphaltierten Forststraße halten wir uns links, sodann rechts, um in eine enge Passage zwischen zwei regelrechten Mauern aus Dickicht einzubiegen. Sofort fällt die unterschiedliche Vegetation im Vergleich zum Südhang ins Auge.

Der Pfad führt durch einen Wald, wie es ihn in dieser Gegend nur selten gibt. Das Unterholz besteht aus gewaltigen Buchsbäumen, die bis zu fünf Meter hoch wachsen und eine unglaubliche Dichte aufweisen. Der Name des Tals - "Vallon de l'Agranié" - leitet sich vom Brauch der Jäger her, das Wild mit Körnern - "graines" - anzulocken. Der Abstieg nach Ménerbes durch diesen Wald ist ein besonderes Erlebnis.

Kurz vor Erreichen der Ebene zwischen Ménerbes und dem Sportplatz passieren wir eindrucksvolle Felsformationen mit Höhlen ("baume") inmitten eines schönen Kiefernwaldes (Aleppo-Kiefern).

DIE WALDENSER

Die Glaubensrichtung der Waldenser entstand im 12. Jahrhundert und geht auf den Lyoneser Pierre Valdo zurück. Ursprünglich hatten sich dessen Anhänger nicht von der Katholischen Kirche lösen wollen. Sie verurteilten jedoch die Prunksucht des Römischen Klerus und die Prachtentfaltung am päpstlichen Hof und propagierten ein Leben in Armut.

Vor allem in den ländlichen Gebieten erhielten die Waldenser großen Zulauf. Ihr Glaube sprach besonders die bäuerliche Bevölkerung und die ärmeren Schichten an. Mißtrauisch verfolgte die Katholische Kirche den Aufschwung, den diese Glaubensrichtung nahm. Bereits im Jahre 1332 wurden die Waldenser vom päpstlichen Hof in Avignon zu Ketzern erklärt. Das war der Beginn der Verfolgungen, denen sie fortan ausgesetzt waren.

Die Jagd auf die Hexer - "masco", wie man sie auf Provenzalisch nannte - verhinderte indes nicht die Ausbreitung des Glaubens. Die höher gelegenen Teile des Dauphiné, die Gegend um Briançon, das Queyras und die westlichen Täler des Piémont - heute zu Italien gehörend - wurden die traditionellen Rückzugsgebiete der Waldenser.

Die Waldenser hatten den Ruf, ausdauernde Arbeiter und geschickte Baumeister zu sein. Aus diesem Grunde ließen die im Luberon ansässigen Fürsten im 15. Jahrhundert ganze Waldenserfamilien ansiedeln, um das Land wieder urbar zu machen und die zerfallenen Dörfer herzurichten, die in der Folge von Kriegen und Plünderungen verlassen worden waren.

Ihre Integration vollzog sich ohne Probleme - bis zu jenem Tag, an dem einige Adlige der Gegend unter dem Vorwand des Kampfes gegen das Ketzertum zu Mord und Plünderungen griffen, während Neid, Mißgunst und persönliche Machtgier die eigentlichen Beweggründe waren. Ein ganzes Jahrhundert hindurch standen sich Katholiken und Waldenser, die sich zwischenzeitlich dem Protestantismus angeschlossen hatten, in blutigen Fehden gegenüber. Das Dekret von Mérindol aus dem Jahre 1540, von Maynier d'Oppède 1545 mit dem Massaker von Mérindol in grausige Tat umgesetzt, bildeten den schrecklichen Höhepunkt dieser Auseinandersetzungen.

Noch heute zeugt der bemerkenswert hohe Anteil von Prostestanten in dieser Gegend von der Geschichte der Waldenser.

ITINERAIRE

14

Die Régalon-Schlucht

Diese Wanderung führt durch Felslandschaften, Schluchten und durch die Garrigue. Sie durchquert eines der reizvollsten Gebiete des Luberon. Man trifft auf eine Fülle von Tieren und Pflanzen, die typisch für die Mittelmeerregion sind. Einzige Einschränkung: Nach starken Regenfällen steht die Régalon-Schlucht unter Wasser und ist nicht passierbar. In diesem Falle beachten Sie bitte die alternative Streckenführung.

Dauer:
5 Stunden
Höhenmeter:
300 m
Schwierigkeitsgrad:
★★★
Ausgangspunkt:
Parkplatz an der Régalon-Schlucht, unweit der D 973 südöstlich von Cavaillon gelegen.

Vom Parkplatz aus folgen wir der Markierung in Richtung Schlucht. Bitte bleiben Sie auf dem markierten Weg, der durch einen mit viel Liebe gepflegten Olivenhain führt. Bereits am Eingang der Schlucht ist man beeindruckt vom Anblick des hellen Kalkgesteins, das von grauen und rostroten Tupfern übersät ist. In den zahllosen Spalten und Brüchen der Wände hat sich eine typisch mediterrane Vegetation ansiedeln können: Aleppo-Kiefern, Stein-Eichen, Kermes-Eichen, Phönizischer Wacholder, Terpentin-Pistazie...

An manchen Stellen tritt der Fels zurück, so daß sich Unterstände und Höhlen gebildet haben. Hier fanden die Steinzeitmenschen Unterkunft. Die Höhlen waren bis in die Bronzezeit bewohnt. Je tiefer man in die Schlucht vordringt, desto üppiger wird die Vegetation.

"Der untere Teil der Régalon-Schlucht gehört zu den bemerkenswertesten Schluchten, die es gibt", betonte schon zu Beginn dieses Jahrhunderts der Franzose Alfred Martel, einer der Pioniere der Höhlenforschung. Die enge Passage ist in der Tat beeindruckend. Vielfalt und Üppigkeit ihrer Vegetation, ihre archäologische und paläontologische Bedeutung rechtfertigen es, sie zum Naturschutzgebiet ("Réserve Biologique Domaniale") zu erklären. Sie ist auch eines der geologischen Schutzgebiete des Luberon ("Réserve Géologique du Luberon").

14

Achtung! An dieser Stelle kann die Schlucht nach Regenfällen unter Wasser stehen und unpassierbar sein. Da es verboten ist, in der Schlucht den markierten Pfad zu verlassen, empfiehlt es sich in einem solchen Fall, zum Ausgangspunkt zurückzukehren. Sie gelangen dann in Richtung La Roquette über die angebotene Alternative, vorüber an den Ruinen von Petrossy, an den oberen Teil der Schlucht (GR 6). Der Rückweg verläuft über das Gehöft Mayorques.

Das Herz der Régalon-Schlucht sind fraglos die beiden gewaltigen, sich gegenüber liegenden Höhlen. (Es sei daran erinnert, daß die Charta der "Réserve Biologique et Géologique" jegliches Mitnehmen von Fossilien, Mineralien, Tieren oder Pflanzen untersagt.) Der Weg verläuft nun unter einem Gewölbe von riesenhaftem Buchsbaum und Französischem Ahorn.

Wir stoßen auf den GR 6, der aus nördlicher Richtung kommend dem Oberlauf der Schlucht folgt, die hier rechts nach Osten abknickt. Bemerkenswert die außergewöhnliche Größe der Buchsbäume. Auch einige Holundersträucher, Zürgelbäume und der Französische Ahorn erreichen gewaltige Ausmaße.

An den Weinfeldern in Sichtweite des Anwesens St. Phalès wenden wir uns nach links und folgen dem Forstweg, der oberhalb der Schlucht verläuft. Er windet sich in das "Vallon de la Galère" hinunter. (Dieser Name leitet sich wahrscheinlich von den Waldensern her: Viele Angehörige dieser Glaubensgemeinschaft wurden im Zuge der Verfolgungen des 16. Jhts. auf Galeren verkauft.) Wir gehen den Einschnitt bergan, bis wir nach einer engen Linkskurve eine Zisterne mit ihrem asphaltierten Impluvium erreichen. Wenige Meter danach folgen wir dem Wegweiser Richtung "Les Mayorques". Dies Anwesen wird unter Leitung des "Parc" restauriert. Die Ländereien sollen in Kürze wieder bebaut werden. Das Projekt dient der Veranschaulichung ökologischer Prinzipien.

Der Weg verläuft nun auf einem Pfad, der sich verengt und in westliche Richtung hinunterführt in das "Vallon de Roque Rousse". Wir passieren die Ruinen von Libaude und Goure. Die umliegenden Felder werden wieder bewirtschaftet. Man versucht hier, das Wildkaninchen wieder heimisch zu machen.

In Sichtweite des Gehöfts "La Roquette" fällt unser Blick auf die Mauerreste einer einstigen Befestigungsanlage bzw. eines Wachturms in luftiger Höhe auf einem Felsen, woher der Ort seinen Namen erhielt. Der Weg verläuft nach links und umgeht so "La Roquette". Er führt durch einen Kiefernwald aus Aleppo- und Strand-Kiefern; der Boden ist von dichtem Heidekraut bedeckt. Man durchquert einige Furchen rötlichen Tons, passiert den Weiler Riouffet und kehrt so an den Ausgangspunkt der Wanderung zurück.

Der Eingang
der Regalon-Schlucht

DAS NATURSCHUTZGEBIET DER REGALON-SCHLUCHT

Waldstücke mit einer derart üppigen Vegetation, die zudem noch ihren ursprünglichen Zustand haben bewahren können, finden sich im Mittelmeerraum nur noch selten. Wir verdanken sie besonders günstigen mikroklimatischen Bedingungen (Tallage, ausreichende Feuchtigkeit) sowie der guten Wasserversorgung durch die grundwasserführenden Schichten.

Vorteilhaft für den Erhalt war auch die Unzugänglichkeit der Schlucht, die eine Nutzung der Holzbestände drastisch erschwerte.

Die meisten Bäume (Stein-Eiche, Aleppo-Kiefer, Ulme, Steinlinde, Französischer Ahorn) sowie manche Sträucher (Buchs, Holunder, Efeu) erreichen hier außergewöhnliche Ausmaße. Sie wachsen zu regelrechten Monumenten der Mittelmeerflora heran.

Das Unterholz hingegen ist wegen der mangelhaften Lichtverhältnisse nicht sehr ausgeprägt. Efeu und Ilex sind vorherrschend. Feuchtigkeit und relativ gleichbleibende Temperaturen begünstigen jedoch das Wachstum zahlreicher Flechten, darunter einige sehr seltene.

ITINERAIRE

15

Das "Vallon de Combrès" und der "Sautadou du Bausset"

Vom mittelalterlichen Dorf Oppède-le-Vieux aus geht es die Schlucht von "Combrès" empor in den bewaldeten Nordhang des Kleinen Luberon.

Dauer:
5 Stunden

Höhenmeter:
550 m

Schwierigkeitsgrad:
★★★★

Ausgangspunkt:
Parkplatz in Oppède-le-Vieux, ca. 12 km östlich von Cavaillon.

Vom Parkplatz führt uns die rot-weiße Markierung des GR 6 an den Beginn der "Combrès"-Schlucht. Hier verlassen wir den GR nach links in Richtung Schlucht. Der Weg ist schattig, die hohen Felsen rücken an manchen Stellen eng zusammen.

Die Felsformationen in diesem Tal sind von grandioser Schönheit, die noch von den gewaltigen Atlas-Zedern unterstrichen wird, von denen einige eine gewaltige Größe aufweisen: Manche haben es in nur 120 Jahren auf etwa dreißig Meter Höhe gebracht.

Der Pfad verschwindet in einem Felsenmeer inmitten wuchernder Vegetation. Kurz vor einer großen Höhle überquert er ein Stück Geröll, passiert dann einen Felsvorsprung (Achtung! Bisweilen feucht und rutschig.) und verläßt die Schlucht. Noch ein letzter Anstieg, und der Pfad schlängelt sich durch Buschwerk und Sträucher über die Ebene des Kammes, wo er auf die asphaltierte Forststraße stößt. Hier wenden wir uns nach Osten und erreichen rasch den Schnittpunkt mit dem GR 6. (Folgen wir an dieser Stelle dem GR 6 etwa 150 m nach Süden, so gelangen wir zum "Bastidon du Pradon", eine von der Forstbehörde eingerichtete Schutzhütte, unter den ausladenden Kronen der Zedern versteckt).

15

Wir bewegen uns weiterhin auf der Forststraße Richtung Osten, bis wir nach etwa 2 km linker Hand an einen schluchtartigen Einschnitt gelangen, wo unser Abstieg beginnt. Der Pfad ist zunächst nur schwer auszumachen. Er führt zum "Mourre de Flamarin", oberhalb des "Cirque du Sautadou du Bausset" gelegen. Von hier aus hat man einen prachtvollen Blick über das Calavon-Tal sowie den Mont Ventoux mit seinen südlichen Ausläufern.

Wir setzen unseren Abstieg, der durch Zedern- und Aleppo-Kiefernbestände verläuft, bis zum Gehöft "Poudarigue" fort. Der Rückweg nach Oppède führt uns bergauf, bergab über bewaldete Hügel, zwischen dem Nordhang des Luberon und den sogenannten "ribas" entlang, gewaltigen Felsschollen, die wie ein Bug schräg aus der Ebene aufragen.

Oppède-le-Vieux

DIE "RIBAS"

Das Mollasse-Gestein tritt am Nordhang des Luberon in Form einer Reihe von Stufen zutage, die man hier "ribas" nennt. Sie ragen wie schräg aufgestellte Schollen in Richtung Nordhang. Oppède ist z.B. auf einem dieser geneigten Plateaus errichtet worden. Die permanente Erosion des von den Hängen des Luberon abfließenden Wassers wusch die Täler aus und legte die "ribas" frei, jene hoch aufragenden Gesteinsstrukturen. In den Stufen befinden sich eine Reihe von Steinbrüchen, die zum Teil noch heute in Betrieb sind.

LAGEN

NEUANLAGE-ÄNDERUNG

Jahr	Ltd. Nr.	Bediener	GS
☐☐	☐☐☐☐☐	☐☐☐☐	☐☐☐

☐☐☐☐☐☐ L.

-Einlagen-

Abw. Kto.	1209	☐☐☐☐☐☐☐☐☐☐
Nächst. Zins-Termin	1071	☐☐☐☐☐☐ } Nicht für Festgelder
Fällig. Datum	1276	☐☐☐☐☐☐

-der

| Anlage Datum | 1179 | ☐☐☐☐☐☐ |
| Anzahl Tage Verfang. | 1241 | ☐☐☐☐ |

Die Quelle des Boulon und die Felsen von Baude

Die Wanderung, die durch die schroff aufragenden Felsformationen des Westzipfels des Luberon führt, bietet eine Reihe von prächtigen Aussichtspunkten mit Blick über die Ebene des "Comtat Venaissin", die Alpilles und die Felsen des Luberon.

Vom Parkplatz schlängelt sich der Weg unter Kiefern und Zedern zur Quelle des Boulon.

Etwa 50 Meter jenseits der Quelle steigen wir rechts einen steilen Weg empor. Der Pfad wendet sich nach Süden verläuft nun zu Füßen imposanter Felswände. Er führt stellenweise über Kalkgesteinsschichten in einiger Höhe über dem Tal und steigt weiter an.

Nach der Felsformation des Boulon ("cirque de Boulon") gelangen wir zu den Felsen von Baude. Die Wände sind mit Löchern und Höhlen unterschiedlicher Größe durchsetzt, die einigen Greifvogelarten als Zufluchtsort dienen. So finden wir hier den Uhu, aber auch Raben und Dohlen, die hier in großen Kolonien nisten. Nicht zu vergessen die Felsenschwalbe und der Alpensegler.

Wir lassen die letzten großen Felsen hinter uns und passieren einen Felsüberhang, dessen Zugang nicht sehr vertrauenserweckend aussieht. Er diente in der Vorgeschichte als Wohnstätte.

Wir erreichen rasch die Bresche von Castellas, eine enge Passage oberhalb des "Vallon de Badarel". Die Felsnase von Castellas, die sich hier erhebt, diente wahrscheinlich, wie es der Name andeutet, früher als Befestigungsanlage ("oppidum").

Während des Abstiegs in das Tal von Badarel stoßen wir auf den Meerträubel. Dieser Strauch ist sehr selten und daher geschützt. Er ähnelt dem Ginster. Ansonsten ist in dieser Schlucht, durch die der Mistral mit ungebrochener Gewalt fegt, nur spärliche Vegetation vertreten.

Am Ausgang der Schlucht halten wir uns rechts, wo uns ein Pfad am Fuße des Massivs entlang zu unserem Ausgangspunkt zurückführt.

ITINERAIRE 16

Dauer:
2 1/2 Stunden

Höhenmeter:
230 m

Schwierigkeitsgrad:
★★

Ausgangspunkt:
Die Quelle des Boulon zwischen Robion und Les Taillades, etwa 8 km östlich von Cavaillon.

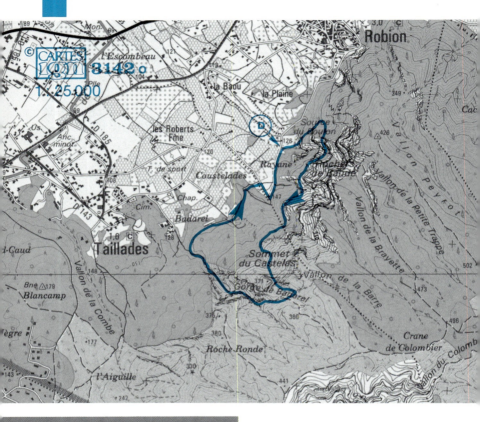

DIE QUELLE DES BOULON

Bei dieser Quelle handelt es sich um eine Karstquelle, ähnlich der "Fontaine de Vaucluse". Daher bezeichnet man diesen Typ von Quelle im Französischen als "source Vauclusienne".

Die Quelle des Boulon funktioniert nach dem Prinzip der kommunizierenden Röhren: Dem Druck der wasserführenden Schichten gehorchend wird das Wasser, welches durch die zahllosen Ritzen, Spalten und Höhlen ("aven") im Kalkgestein des Bergmassivs versickert ist, durch einen siphonähnlichen Schlund nach außen gedrückt.

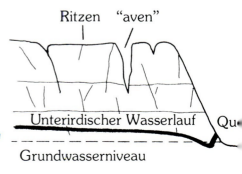

ITINERAIRE 17

Die Véroncle-Schlucht

Die Strecke verläuft durch die zum Teil enge Véroncle-Schlucht, in der es eine Reihe ehemaliger Wassermühlen ("moulins") zu bestaunen gibt, und führt durch die malerischen Orte Murs und Joucas.

Dauer: 5 1/2 Stunden
Höhenmeter: 300 m
Schwierigkeitsgrad: ★★
Besonderheit: Heikle Passagen in der Schlucht, die ein Mindestmaß an körperlicher Fitness voraussetzen.
Ausgangspunkt: "Chemin des Grailles" an der D 2 zwischen Gordes und Joucas.

Wir parken den Wagen etwa 300 m abseits der D 2 auf der dafür vorgesehenen Fläche im "Chemin des Grailles" und bewegen uns in Richtung "Moulin des Grailles", einem restaurierten Anwesen. Ohne den Bach zu überqueren folgen wir dem Pfad, der etwas oberhalb der Schlucht am rechten Ufer verläuft und den Weiler Les Grailles passiert. Etwa 300 m weiter steigen wir nach rechts einen Pfad hinab, der uns in zwei Windungen auf den Grund der Schlucht führt: Hier befinden wir uns in Höhe der "Moulin Cabrier".

Nun durchwandern wir die Schlucht in ihrer gesamten Länge, wobei wir uns bald auf der Talsohle, bald am rechten und bald am linken Ufer bergan bewegen, dem Relief des Geländes gehorchend. An der letzten Mühle, der "Moulin des Etangs", überqueren wir eine steinerne Brücke sowie die Überreste des einstigen Staudammes. An Wiesen entlang geht es aufwärts zu einem bequemen Fahrweg, von wo aus man noch sehr gut die Spuren erkennt, die der ehemalige Stausee in der Landschaft hinterlassen hat.

Der Fahrweg geht bald in eine asphaltierte Straße über, die uns rasch nach Murs bringt (Einkehrmöglichkeiten; Lebensmittelladen). Eine mehrere hundert Jahre alte Eiche gewaltigen Ausmaßes scheint über den Zugang zum Dorf zu wachen.

Wir verlassen Murs auf der D 4 und orientieren uns in Richtung "Village des Vacances VVF". An der Kreuzung am Ferienhauskomplex folgen wir dem Weg, der bergab führt. In Höhe von "La Jaumière" nehmen wir den Weg, der durch den Kiefernhain hinunter in Richtung Ebene führt. Wir stoßen bald auf den Weg, auf dem wir nach Joucas gelangen.

Wir verlassen das Dorf auf der Straße, die am Friedhof entlangführt. In La Vignasse setzen wir unseren Weg geradeaus in westliche Richtung fort und erreichen so unseren Ausgangspunkt, die "Moulin des Grailles".

DIE MUEHLEN VON VERONCLE

Der Canyon von Véroncle, ein Naturschauspiel von beeindruckender Wildheit, birgt ein Erbe, das von der wirtschaftlichen Nutzung der Schlucht seit dem 16. Jahrhundert zeugt. Vom ehemaligen Stausee unterhalb von Murs bis hinunter zum Weiler "Les Cortasses" wurden seinerzeit etwa zehn Getreidemühlen durch den Wasserlauf angetrieben, der das Tal durchfließt.

Die Mühlen waren an verhältnismäßig schwer zugänglichen Stellen gelegen. Betrachtet man sie genauer, so erfährt man erstaunliche Einzelheiten: Staudämme und in Stein geschlagene Wasserleitungen, gewaltige Stützmauern, wohldurchdachte architektonische Details. Auch Überreste des Mühlwerks finden sich: Mühlsteine, Achsen und Holzräder. Die meisten Mühlen arbeiteten nach dem Prinzip der Scheibenmühle.

Bewundernd steht der Betrachter vor dem technisch ausgeklügelten System, staunend angesichts des Aufwands, mit dem das Wasser an die Mühlen herangeführt wurde: Mehrere hundert Meter gemauerter oder in den Fels geschlagener Kanäle und gewaltige Wasserspeicher zum Auffangen des Regenwassers gewährleisteten die für den Antrieb benötigten Wassermassen.

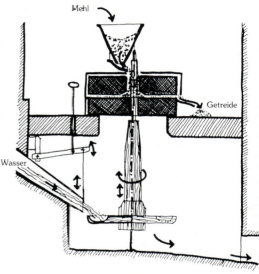

Arbeitsweise der Wassermühlen in der Véroncle-Schlucht

Die am Oberlauf auf dem Gebiet von Murs gelegenen Mühlen werden erstmals 1508 bezeugt. Das Dokument erwähnt auch den Stausee von Murs, der die Mühlen in der Schlucht mit Wasser versorgte. Jener Mauerrest oberhalb der Mühle (etwa 20 Meter hoch am rechten Ufer) gehörte wahrscheinlich zum damaligen Staudamm. Er bestand aus zwei etwa zehn Meter voneinander entfernten parallelen Mauern, zwischen die man Erdreich geschüttet hatte. Ein Beschluß aus dem Jahre 1584 deutet darauf hin, daß der Damm in jenem Jahr wahrscheinlich baulich verändert wurde. Die momentanen Forschungen werden vielleicht Aufschluß darüber geben können, ob der Damm damals infolge eines Einbruchs oder eines Erdbebens wieder aufgebaut werden mußte.

Über die Mühlen von Gordes sind keine genauen Daten vorhanden. Jene mit dem Namen "Jean de Mare" stammt mit einiger Sicherheit aus dem 16. Jahrhundert und ist in der Folgezeit oft vergrößert worden. Die anderen können auf das 17. und 18. Jahrhundert datiert werden.

Die meisten Mühlen waren bis zur Mitte des 19. Jahrhunderts in Betrieb.

N.b.. Die Schlucht befindet sich zum größten Teil in Privatbesitz. Man bewege sich bitte mit der gebotenen Rücksicht in dem Gelände und den Ruinen.

Nach: J.P. Locci und D. Lacaille (Verein zur Förderung und zum Erhalt des industriellen Erbes im Vaucluse).

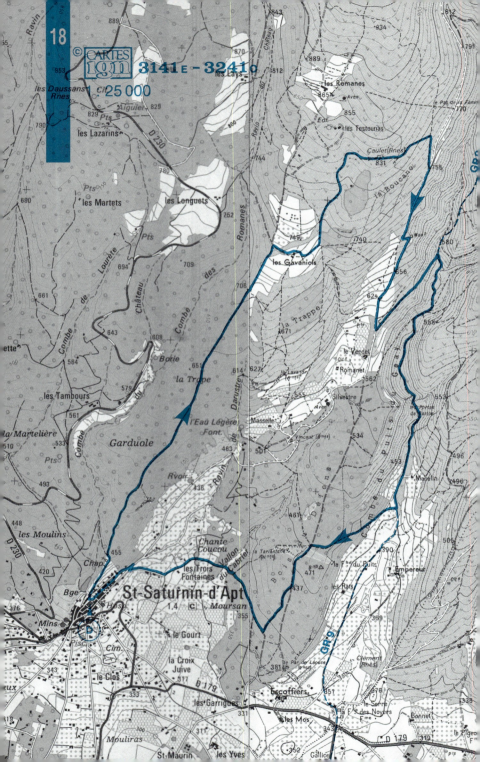

Oberhalb von St. Saturnin

Auf dieser Rundwanderung durchstreifen wir die abwechslungsreiche Landschaft am Südrand des Plateau de Vaucluse mit ihren zahlreichen Bories und Aiguiers.

Wir steigen den gepflasterten Weg zur Burgruine empor. Durch das Eingangstor betreten wir die überreste des mittelalterlichen Dorfes, das auf dem Felsvorsprung errichtet wurde. Im Norden endete es an den Mauern der Burg.

Entlang der Kapelle oberhalb der Befestigungsanlage folgen wir dem steinigen Weg, der durch Steineichen bergan führt. Wir stoßen auf eine Wegkreuzung, wo wir nach rechts zum Gehöft "Les Gavaniols" abbiegen. An dem Eingangstor mit der Zisterne nehmen wir links den Weg, der uns am Rande eines Feldes nördlich um den Komplex herum führt. (Der freigelegte Fels vor der Zisterne sammelt das Regenwasser und leitet es in die Zisterne.) Von der Ostseite des Gehöftes gelangen wir in wenigen Minuten an den ehemaligen Steinbruch von Graugnard. Hier befinden sich auch die ersten Aiguiers (Wasserbecken) unserer Wanderung.

Wir machen kehrt und gehen einige Schritte zurück, um rechts ein kleines Tal emporzusteigen, bis wir auf einen fast eben verlaufenden Pfad stoßen. Hier halten wir uns rechts. Am Aiguier von Caulet vorbei - mit einer Steinplatte abgedeckt, in der sich ein Loch zum Wasserschöpfen befindet - gelangen wir bergab an einen Weg, der nach Süden hin abfällt und in den breiten steinigen Weg mündet, der St. Saturnin mit Savouillon verbindet.

Wir bewegen uns weiter abwärts (in der Kurve ein Gedenkstein für ermordete Widerstandskämpfer gegen die Nazi-Besatzung), bis wir an die Stelle kommen, wo der Weg breiter wird. Ein kleiner pyramidenförmiger Steinhaufen (cairn) - nicht zu verwechseln mit dem weißen Cairn etwas weiter aufwärts, der die Grenzen eines Waldstücks markiert - linker Hand weist uns auf einen Pfad hin, der hier in den Steineichen verschwindet. Er verläuft zunächst eben am Fuße einer Felsnase entlang, um dann in die "Combe de Travignon" einzutauchen. Auf der Talsohle wenden wir uns in südliche Richtung und gelangen durch die "Portes du Castor", einer Felsenge, wo sich die Felsen fast berühren, in die breite "Combe du Puits du Geai".

Wir verlassen schon bald den komfortablen Fahrweg, um inmitten eines Kirschhains einem Pfad nach rechts zu folgen. Er führt auf einen Höhenrücken, wo er auf einen breiten Forstweg stößt. Diesem Weg folgen wir etwa 600 m abwärts und halten uns dann rechts. Auf einem Pfad durch Felder und Kirschhaine hindurch gelangen wir zurück nach St. Saturnin.

ITINERAIRE 18

Dauer:
4 Stunden

Höhenmeter:
430 m

Schwierigkeitsgrad:
★ ★ ★

Ausgangspunkt:
Vor der Kirche in St. Saturnin-lès-Apt (an der D 943 nördlich von Apt).

DIE "AIGUIERS"

Das gewaltige Kalksteinplateau, aus dem das Vaucluse-Bergland besteht und das von unzähligen Spalten und Höhlen durchsetzt ist, wirkt wie ein "Wasserkollektor". Die Niederschläge versickern und sammeln sich in unterirdischen Wasserläufen, die in der Fontaine de Vaucluse wieder zutage treten. Die extreme Trockenheit des Landstrichs liegt in diesem Phänomen begründet.

Um früher sich und das Vieh mit Wasser versorgen zu können, haben die Menschen Becken, "aiguiers", in den Fels gestemmt, die das Wasser speicherten. Der Begriff leitet sich aus dem Provenzalischen "aigo" (lat. aqua - Wasser) her. Sie befinden sich stets unterhalb einer leicht geneigten, von Erde und Vegetation befreiten Felsfläche, dem "Impluvium", auf das das Regenwasser auftrifft. Von seiner Ausdehnung hängt es ab, wieviele Niederschläge bzw. wieviel Zeit es braucht, damit die Zisterne sich füllt. Das Impluvium ist oft von Rinnen durchzogen, über die das Wasser in den "aiguier" fließt. Meist wurden die "aiguiers" in Borieform errichtet : Ein Steingewölbe überspannte das Becken, um die Verschmutzung und Verdunstung des kostbaren Wassers zu verhindern.

Das Gebiet von St Saturnin-lès-Apt zählt die meisten "aiguiers" am Südhang der Monts de Vaucluse.

Die Mühle von St. Saturnin

DIE TRUEFFEL

Die Trüffel, provenzalisch "rabasso", der "schwarze Diamant", lebt in symbiotischer Bezeihung zu den Bäumen, an dessen Wurzeln sie gedeiht. Man findet sie vor allem an Eichen, aber auch an Walnußbäumen, Kastanien, Wacholderbüschen oder Aleppo-Kiefern.

Es gibt verschiedene Trüffelarten. Seit Urzeiten jedoch ist die schwarze Trüffel in Feinschmeckerkreisen am begehrtesten. Man sagt ihr im übrigen auch aphrodisische Wirkung nach.

Lange Zeit hindurch ist die Trüffel einzig und allein an den Bäumen gesammelt worden, an denen sie naturwüchsig vorkam. Seit Anfang des 19. Jahrhunderts indes wird sie auch kultiviert. Joseph Talon, Landwirt in St. Saturnin, fand heraus, daβ man Trüffeln auch kultivieren konnte und begann, seine Felder mit Trüffeleichen zu bepflanzen. Auf der Place Gambetta in St. Saturnin hat man ihm zu Ehren ein Standbild errichtet. "Lou Rabassaire", der Trüffelsammler, verläβt sich allerdings heutzutage bei der Trüffelsuche nicht mehr auf den Schweinerüssel. Speziell zu diesem Zweck abgerichtete Hunde mit entsprechend geschultem Geruchssinn zeigen ihm die im Erdreich verborgenen Köstlichkeiten.

Die Trüffeln stellen einen bedeutenden Wirtschaftsfaktor dar. Aus der Provence stammen mehr als 75 % der französischen Trüffeln. Sie liegt damit weit vor dem Périgord. Die Vaucluse steht an der Spitze der trüffelerzeugenden Departements.

Die Landschaft um Viens

ITINERAIRE

19

Die Wanderung umfaßt zwei Schleifen, die vom Dorf ausgehend am Rande des Plateaus entlangführen. Die Schleifen können auch einzeln zurückgelegt werden: Eine jede erfordert etwa zwei bis drei Stunden. Beide zusammen in Verbindung mit der Besichtigung des Ortes sind eine kleine Tagesunternehmung.

DER RUNDWANDERWEG VON PIEROUX
(mit gelben Punkten markiert)

Ausgangspunkt: Die Aussichtsplattform am nördlichen Ortseingang (Straße nach Banon).

Wir steigen die Stufen auf der gegenüberliegenden Straßenseite empor und gelangen über Fels an das Wasserreservoir von Viens. Von hier aus bietet sich ein Blick über den Ort; man erkennt gut seine jüngste Entwicklung. Der Pfad schlängelt sich zwischen Felsen und Steineichen hindurch und passiert einen Borie, der restauriert und vom Dornengestrüpp befreit wurde. Nun wird die Vegetation dichter: Auf Feldern und ehemaligen Weidewegen haben sich Spanischer Ginster, Wacholder und Kiefern ausgebreitet. Auf diesem Wegabschnitt fallen die hellen Felsblöcke ins Auge. Sie bestehen aus härterem Gestein und weisen schärfere Umrisse auf als das Gestein der Umgebung: Es ist der Kalkstein von Vachères, der hier zutage tritt, wo die Molasseschicht im Laufe der Jahrtausende gewissermaßen abgehobelt wurde.

Der Pfad trifft auf einen Weg, dem wir in Richtung der beiden hohen Flaum-Eichen folgen. Dann halten wir rechts auf die höchste Erhebung zu. Oben befindet sich eine kreisrunde Mulde, aus der ein Markierungszeichen (Vermessungspunkt) emporragt. Von hier bietet sich ein prachtvoller Blick auf die Südhänge des Vaucluse-Berglands.

Wir gehen bis zur Stelle zurück, wo der Pfad in den Feldweg einmündet und folgen letzterem. An einem kleinen Häuschen, dem "Cabanon de Piéroux" vorbei gelangen wir in die Nähe eines kleinen Steinhaufens. Hier biegen wir rechts in einen Pfad ein, der uns an einem Mandelbaumhain entlang an den breiten Weg führt, der Viens mit St. Laurent verbindet. (Jenseits des Weges ein prächtiger Borie am Rande eines Lavendelfeldes.) Auf diesem Weg gelangen wir in östliche Richtung nach Viens zurück.

Dauer: Zwei Schleifen von jeweils etwa 2 Stunden

Höhenmeter: Insgesamt 260 m

Schwierigkeitsgrad: ★

Ausgangspunkt: Viens, etwa 16 km östlich von Apt gelegen.

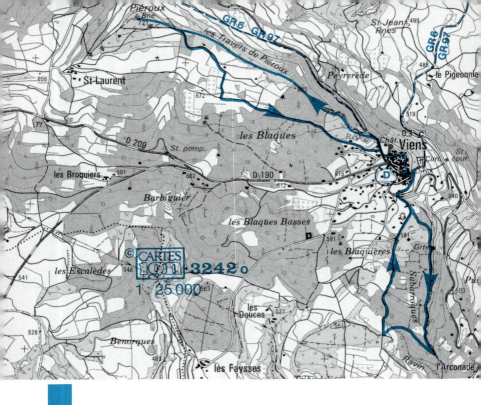

DER RUNDWANDERWEG VON SUBARROQUES (mit blauen Punkten markiert)

Wir verlassen Viens auf der Straße nach Céreste. Unmittelbar nach der romanischen Schäferei wenden wir uns nach rechts und nehmen den Weg, der zwischen zwei Häusern verläuft. Die Schleife beginnt etwa 50 m weiter, wo wir uns links halten.

Der Pfad führt am Rande des Molasse-Plateaus entlang. Der Blick fällt auf den von Schwarz-Kiefern bestandenen Hang des Plateaus von Reillanne und Céreste, das zum Tal des Calavon hin abfällt. Die Olivenhaine, die wir von dem hoch aufragenden Felsen aus sehen können, markieren an dieser Stelle die nördliche Grenze des Olivenanbaugebietes. Sie zeugen vom Einfluß des Mittelmeerklimas.

Am Fuße des Abhanges halten wir uns rechts in Richtung "Vallon du Rossignol". Der Pfad verläuft zunächst eben, um dann anzusteigen. Rechts und links die überreste einer Fülle von kleinen Mäuerchen und Bories: Sie wurden aus der Unmenge von Steinen errichtet, die man früher in mühsamer

Arbeit beim Anlegen der Felder zusammentrug. Besonders beachtenswert der Türsturz des ersten Bories sowie der Eingang des zweiten, ein gewölbeartiger Vorbau, die über das eigentliche Bauprinzip hinaus belegen, wie vielfältig die Gestaltungsmöglichkeiten waren.

Am Beginn des "Vallon du Rossignol", am Rande eines Feldes, wenden wir uns nach rechts in einen von Mauern gesäumten Pfad. Rechts die Ruinen eines Hauses, das völlig aus Natursteinen errichtet wurde. Bemerkenswert im Innern der Mauervorsprung (eine umlaufende zweite Mauer), der der Errichtung des Obergeschosses diente. Gegenüber, etwas unterhalb, ein unvollendeter Borie. Dort, wo der Pfad auf eine Straße trifft, folgen wir rechts dem breiten Weg, der uns an unseren Ausgangspunkt zurückführt.

DIE BORIES

Egal, wo man sich im Luberon befindet, überall stößt man auf sie, jene kleinen Kunstwerke, die ohne Mörtel aufgeschichtet wurden.

Heutzutage weiß man, daß sie ihre Blütezeit in einer Gesellschaftsform erlebten, die auf Ackerbau und Weidewirtschaft basierte. Dennoch ist immer noch nicht restlos geklärt, worin ihr tieferer Sinn bestand und wie weit ihre Ursprünge zurückreichen. Über das genaue Alter der allerersten Bories sind die Fachleute geteilter Meinung. Es gilt indes als sicher, daß die noch existierenden Bories zwischen 300 und 400 Jahre alt sind. Die älteren zerfielen im Laufe der Zeit, nachdem sie nicht mehr genutzt wurden.

Die Bories sind die originellsten Zeugnisse der Jahrhunderte währenden Anstrengungen, unter denen das Land von Felsbrocken und Steinen befreit wurde. Sie machen jedoch ebenso wie die zahllosen Mauern und Steinhalden, von denen das Land übersät ist, nur einen geringen Teil des gigantischen Arbeitsaufwands sichtbar, den damals die Urbarmachung bedeutete. Heutzutage werden die Terrassen nicht mehr bewirtschaftet, und die alten Kulturlandschaften sind von Dornen und Unterholz überwuchert.

Seit 1985 ist der "Parc" damit beschäftigt, die Bories auf seinem Gebiet zu registrieren. Diese Arbeit ist nahezu abgeschlossen. Allein in der Gemeinde Viens sind mehr als 150 dieser steinernen Unterkünfte gezählt worden.

Borie

Zwischen dem "Colorado Provençal" und dem Vaucluse-Bergland

Die Rundwanderung führt durch landschaftlich besonders reizvolle Gegenden (Colorado Provençal, Schlucht von Oppedette, Plateau de Vaucluse). Der abwechslungsreiche Charakter des Landes birgt nicht selten Hinweise auf seine Geschichte.

Unterkunft und Verpflegung:

	Restaurant	Hotel	Gîte o.ä.	Camping	Verpflegung
Rustrel	*	*	*	*	*
Viens	*	*			*
Cournille			*		
Oppedette	*				
Chaloux			*		
Simiane	*	*			*
Lagarde	*				

ITINERAIRE 20

Dauer: Je nach Belieben drei oder vier Etappen (insgesamt etwa 20 Stunden)

Höhenmeter: Insgesamt 1 300 m

Schwierigkeitsgrad: ★★★★

Ausgangspunkt: Rustrel, nordöstlich von Apt an der D 22.

Vom Dorfplatz gehen wir die D 30 etwa einen Kilometer in Richtung Apt und folgen dann der Beschilderung, die uns zum Campingplatz im Colorado weist. Wir lassen die Ruinen der ehemaligen Eisenhütte rechts liegen und steigen das Tal empor, das sich vor uns auftut. Ein Pfad, der nach links abknickt, führt uns an den Hängen des Colorado entlang an den "Vallon de Barriès".

Wir stoßen auf einen breiten Weg, auf dem wir rechts bergan eine asphaltierte Straße erreichen. Hier halten wir uns links, um wenig später an der Straßenkreuzung links bergan in Richtung Gignac zu gehen. Diese Straße verlassen wir an dem Punkt, wo wir auf den rotweiß markierten GR 6 stoßen, dem wir uns nach rechts anvertrauen.

Seine Markierung begleitet uns bis Viens. Dort orientieren wir uns in Richtung Friedhof unterhalb des Ortes. Über einen Pfad gelangen wir an eine Asphaltstraße, auf der wir, den Weiler Cournille passierend, die Schlucht von Oppedette erreichen. Vor der Brücke über den Calavon biegen wir links in den Pfad ein. Er verläuft am Rande der Schlucht. Wir lassen Oppedette, auf der anderen Seite der "Gorges" gelegen, rechts liegen und stoßen auf die D 201.

Oppedette

Über Chaloux (Gîte d'Etape) gelangen wir auf dem GR 4 nach Simiane. Unterhalb des Dorfes gehen wir in südwestliche Richtung, bis wir auf das Gehöft "Simon" stoßen. Unmittelbar danach knickt unser Weg nach rechts ab und führt uns an den "Col Curnier", einen Paß, wo wir die D 30 überqueren. Auf einem Pfad bergan erreichen wir die überreste der Kapelle "Sainte-Victoire". Nach einigen steilen Windungen führt der Weg südlich um den Buisseron herum und trifft dann auf die befestigte Straße, auf der wir, dem GR 4 folgend, nach Lagarde d'Apt gelangen.

Wir folgen der D 34 ein Stück nach rechts, um sie dann nach links auf dem GR 4 zu verlassen. Wir gelangen an eine

DIE URSPRUENGE DES OCKERS UND SEINE WIRTSCHAFTLICHE NUTZUNG

Jahrzehnte hindurch wurden die verschiedensten Vermutungen über den Ursprung des Ockergesteins angestellt. Mittlerweile gilt es als gesichert, daß die Färbung nicht auf eine Schicht von Ablagerungen zurückzuführen ist, sondern vielmehr das Ergebnis eines komplexen Prozesses ist, der sich vor etwa 100 Millionen vollzog. Im Laufe jenes Prozesses veränderte sich die mineralogische Zusammensetzung des ursprünglich grünen Sandes, der sich ehemals auf dem Meeresboden befand und nun die Erdoberfläche bedeckte, unter dem Einfluß des tropischen Klimas und führte zu den Ockertönen.

Das Eisenhydroxid entstand. Ihm verdanken wir die unglaublichen Farbnuancen - rot, gelb, orange - des Ockersandes.

Man sollte indes nicht übersehen, daß die Felsen von Roussillon, Gargas und Rustrel vor nicht allzulanger Zeit noch Ockerbrüche waren, in denen Generationen von Arbeitern die Ockervorkommen im Tagebau ausbeuteten.

Die Ockervorkommen im Vaucluse gehören zu den bedeutendsten der Welt. Sie sind die die größten in Frankreich.

Die färbende Wirkung des Ockers war schon den Menschen der Vorgeschichte bekannt, wie die Höhlenmalerei beweist. Sein eigentlicher Abbau aber begann erst gegen 1 780 in Roussillon, und es dauerte bis zum Ende des 19. Jahrhunderts, bevor man sich an die industrielle Nutzung der Vorkommen machte. Zu Beginn des Ersten Weltkrieges betrug die durchschnittliche Jahresproduktion 36 000 Tonnen.

Weggabelung: Nach links erreichen wir in wenigen Minuten Les Esfourniaux (Restaurant, Unterkunft); halten wir uns rechts, so führt uns der GR 4 zum Gehöft Berre. Hier nehmen wir die asphaltierte Straße nach Savouillon, die wir allerdings nach etwa 600 m auf einem Pfad nach links verlassen. Er führt uns zum GR 9. Nach Süden gehend passieren wir eine Wegkreuzung (rechts etwas versteckt ein prächtiger Aiguier in Borieform) und schlagen etwa 400 m weiter den Weg nach links ein, der uns an den verlassenen Weiler Travignon führt (mit einfachsten Mitteln hergerichtete Unterkunft für Wanderer in einem relativ gut erhaltenen Haus). Vor Erreichen der Ruinen abseits des Weges die beiden von Steingewölben überspannten Wasserbecken (aiguiers).

Wir steigen ins Tal hinab und orientieren uns an einer Wegkreuzung in Richtung "Aiguier Neuf". Etwa fünfzig Meter hinter der "Cabane du Garde" (Höhe 686) führt uns ein schmaler Pfad empor zu einer breiten Forstpiste, die wir überqueren, um in Richtung Auribeau zu gehen (nicht zu verwechseln mit dem Ort gleichen Namens am Nordhang des Großen Luberon!), wo wir in der Nähe der Wegkreuzung erneut auf Wasserbecken stoßen (Aiguier d'Auribeau).

An der Kreuzung nehmen wir den Weg nach rechts bergab in Richtung "Les Grands Cléments". Ein nach links abknickender Pfad führt uns hinab in den Weiler Fumeirasse. Von hier aus erreichen wir in wenigen Minuten die D 179. Wir folgen ihr in östliche Richtung, bis wir in Höhe des Weilers "Les Viaux" auf den GR 6 stoßen. Seine rot-weiße Markierung führt uns nach Rustrel zurück.

LAVENDEL IST NICHT GLEICH LAVENDEL

Ein bedeutender Zweig der Landwirtschaft auf dem Plateau d'Albion ist der Lavendelanbau. Der in dieser Höhe (bis hin zu 1 100 m) wachsende Lavendel (lavandula vera oder l. angustifolia) liefert eine Essenz, die in der Parfüm- und Arzneimittelherstellung Verwendung findet.

Der Breitblättrige Lavendel (lavandula latifolia) gedeiht eher in den wärmeren Gefilden des Mittelmeerraums.

Der "Lavandin", eine Hybridzüchtung aus den o.g. Arten, ist zwar ergiebiger, erreicht aber nicht die Qualität des Echten Lavendels.

DER CALAVON

In seinem Verlauf vom Fuße des Lure-Massivs bis hin zur Durance durchschneidet der Calavon eine ganze Reihe felsiger Hindernisse: so die Karstfelsen von Roquefure und das Molassegestein von Les Beaumettes. Aber sie alle werden an Großartigkeit weit übertroffen von der Schlucht von Oppedette, die nach Meinung der Ethymologen dem Flüßchen seinen Namen verliehen haben soll: Die Silbe "cal" stammt aus dem Prä-Indogermanischen und bedeutet Stein, das keltische Wort "avon" heißt Fluß.

Die Schlucht von Oppedette

Einer der "aiguiers" von Trav...